中国大百科全书 · 名家文库

名家文库

中国大百科全书·名家文库

哲学

邢贲思 著

中国大百科全书出版社

图书在版编目（C I P）数据

哲学／邢贲思著．—北京：中国大百科全书出版社，2014.1

（中国大百科全书．名家文库）

ISBN 978-7-5000-9059-5

Ⅰ.①哲… Ⅱ.①邢… Ⅲ.①哲学-通俗读物 Ⅳ.①B-49

中国版本图书馆CIP数据核字(2012)第295653号

责任编辑：赵 焱

责任印制：魏 婷

装帧设计：罗 洪

中国大百科全书出版社出版发行

（北京阜成门北大街17号 邮政编码：100037 电话：010-88390732）

http://www.ecph.com.cn

新华书店经销

北京盛通印刷股份有限公司印刷

开本：720×1020 1/32 印张：5.5 字数：45千字

2014年1月第1版 2014年1月第1次印刷

印数：0001～5000册

ISBN 978-7-5000-9059-5

定价：20.00元

编者的话

《中国大百科全书》是中国第一部大型综合性现代百科工具书，内容涵盖哲学、社会科学、文学艺术、自然科学等66个学科和知识领域的科学知识及基本事实，被誉为“一切才智之士的知识背景”。中国大百科全书总编辑委员会和中国大百科全书出版社先后组织了3万多名专家学者参与这一伟大的文化工程，其中不乏各个领域的名家、大家为《中国大百科全书》撰稿。他们以精当简洁的文字，系统概括了一门学科或某一知识主题的全貌，虽然篇幅短小，但充满深厚的学识积淀。

为了让名家的智慧成果惠及更多的大众读者，中国大百科全书出版社特编辑出版了《中国大百科全书·名家文库》系列，其中包括彩色图文版和精装小开本两种版别。本套精装小开本系列图书的主体是名家为《中国大百科全书》撰写的某一知识门类的概观性文章或某一学科领域重要的条目，有的还附有相关知识主题，亦取材于《中国大百科全书》。本套丛书涉及领域广泛，开本形式小巧典雅，便于读者阅读和收藏。我们希望，通过名家文字的引领，读者能享受到知识所带来的愉悦，并能领略名家的学术风格和文辞风采。

目 录

哲学是世界观的理论形式，是关于自然界、社会和人类思维及其发展的最一般规律的学问。

“哲”，聪明、智慧之意；中国古代一般指聪明而具有智慧的人。中国上古时代的历史文献《尚书》中《皋陶谟》记载大禹语说:“知人则哲，能官人，安民则惠，黎民怀之。”《孔氏传》解释说:“哲，智也。无所不知，故能官人、惠爱也。爱则民归之。”“哲学”，字意是智慧之学。这门学问在中国古代曾称为“道”、“道术”、“玄学”、“道学”、“理学”；19世纪日本最早的西方哲学传播者西周首次用中国的“哲学”二字表述源于古希腊罗马的西方哲学学说；

中国晚清的学者黄遵宪将这一表述介绍到中国之后，中国学术界逐渐接受并开始用它来表述中外古今的哲学学说。在古希腊，哲学原词是“φιλοσοφία”，拉丁化为“philosophia”，音为“斐禄所费亚”，意为“爱智”。在古印度，哲学通常被称为“见”或“察”。前者梵文的拉丁化拼音为“darśana”，意为“见解”、“思想”、“观点”，在个别的哲学体系中视之为“有助于解脱的学科”；后者梵文的拉丁化拼音为“anviksiki”，意为“探究的学问”，后来又用以专指逻辑。

哲学包含十分丰富的内容。它涉及世界的本原及存在形式问题，对世界的认识问题，人和整个世界的关系问题，人的形体与精神的关系问题，人类社会发展的规律和动因问题，人的伦理关系、审美关系及正确思维的形式问题，等等。解决这些问题归根结底都要涉及思维和存在的关系，这是全部哲学最基本的问题。

一、哲学的基本问题

哲学的任务在于探究世界最根本、最普遍的规律，它涉足于众多的领域，研究自然、社会、人类思维中纷繁的现象和形式，最后的归宿是要探明世界的本原，即思维和存在、精神和物质何者为第一性。

在远古时代，人们还完全不知道自己身体的构造，并且受梦中景象的影响，于是就产生一种观念，以为他们的思维和感觉不是他们身体的活动，而是一种独特的、寓于这个身体之中而在人死时就离开身体的灵魂的活动。从那时起，人们不得不思考这种灵魂对外部世界的关系。既然灵魂在人死时离开肉体而继续活着，那么就没有任何理由设想它本身还会死亡，这样就产生了灵魂不死的观念。这种观念几乎在所有的原始部落中都存在过。同这种原始的灵魂不死观念相伴随的是原始的物活论，即认为万物都有生命和灵魂的观念。哲学基本问题根源于蒙昧时代这种狭隘而愚昧的观念之中。其所以这样，因为自从人由自然界分化出来以后，就把自然界即客观物质世界当作自己实践和认识的对象。人和对象化的自然的矛盾是早期人类所要解决的一个主要矛盾。在人和自然的长期斗争中，原始人形成了各种幼稚的关于思维和存在及其相互关系的观念。灵魂不死、物活论是其中之一，由自然力被人格化而形成的原始宗教观念也是其中之一。这是哲学基本问题的史前内容。哲学基本问题以较为清晰的形式表现出来，是在人类进入文明时代，即进入奴隶占有制的社会以后。

（一）两大阵营

哲学基本问题普遍存在于不同时代、不同阶级、不同派别的哲学中，它们对哲学基本问题的回答各自不同，但可以在基本上分为两类。哲学家依照他们如何回答这个问题而分成两大阵营。凡是断定精神对自然界说来是本原的，从而归根结底以某种方式承认创世说的人，组成唯心主义阵营。凡是认为自然界是本原的，则属于唯物主义的各种学派。有没有第三种回答呢？例如，认为精神和自然界同为本原，是两个平行的本体的。在欧洲哲学史上有这样的典型学说，这就是二元论，它的代表人物为法国的R. 笛卡尔。但是，二元论不可能坚持到底，往往以设想一个凌驾于两种平行本原之上的更根本的本原——上帝为结局，实际上仍未能脱出唯心主义的窠臼。笛卡尔哲学的命运就是如此。到了他的后继者N.de马勒伯朗士，干脆取消两个平行的本原，拒绝承认具有广延性的物质实体同思维实体有相互作用，而把神抬到唯一实体、唯一本原的地位。

唯心主义和唯物主义两大基本派别体现了两种根本不同的世界观，两条根本不同的认识路线，它们互相对立、互相斗争，这种对立和斗争贯穿于哲学史的始终。在斗争中二者之间又存在着互相渗透、互相转化的情形，它们的对立和斗争常常通过十分复杂的形式表现出来。唯心主义的萌芽在蒙昧无知的原始社会的人们中间就产生了，但唯心主义作为一种哲学体系，作为一种完整的世界观，是在阶级社会中形成的。其社会根源就是阶级剥削制度本身以及体力劳动和脑力劳动的分离。唯物主义的思想是人类社会的生产发展和人们对于周围事物认识发展的产物，这种自发形成的唯物主义思想的萌芽，后来在阶级社会中，经过唯物主义哲学家的提高和理论化，发展成为唯物主义的哲学体系。

唯心主义有两种基本形式：客观唯心主义和主观唯心主义。客观唯心主义认为某一种客观精神或精神的原则先于物质世界并独立于物质世界而存在，是第一性的；物质世界是这种客观精神或精神原则的表现、产物和附属品，因而是第二性的。代表人物有中国的朱熹（“理在气先”）、古希腊的柏拉图（个别事物是观念的“摹本”或“影子”）、德国的G. W. F. 黑格尔（自然是绝对理念的外化，社会是绝对精神的体现）等。客观唯心主义把某种精神原则或一般概念绝对化，看成是脱离并先于物质世界和具体事物而客观独立存在的东西，并进一步把它们偶像化或神化。因此，客观唯心主义常常同宗教有密切的联系。主观唯心主义认为个人的精神（心灵、意识、观念、意志等）是世界的本原，是第一性的；世界上的一切事物只存在于个人的心灵之中，或是个人心灵的产物，是第二性的。主观唯心主义否认客观物质世界和客观规律的存在，所以认为人的思想不是外界事物的反映，而是自己的头脑所固有的。代表人物有中国的王守仁（“天下无心外之物”）和英国的 G. 巴克莱（“存在就是被感知”）等。这种观点最后往往陷入唯我论的绝境，或者转化为客观唯心主义，把某种客观精神或上帝作为自己的膜拜对象。在哲学史上，尽管有的唯心主义哲学包含了相当深刻的内容，反映了人类的抽象思维在某一方面的深入发展，如：中国的程朱理学，某些佛教哲学，古希腊的柏拉图哲学，欧洲文艺复兴之后的莱布尼茨哲学、康德哲学、黑格尔哲学等，但是，从总体上说，唯心主义对人周围环境的认识，对人的意识同物质世界关系的认识是错误的。

唯物主义哲学形成以后经历了一个漫长的发展过程。直到 19 世纪 40 年代马克思主义的唯物主义即辩证唯物主义和历史唯物主义产生以前，唯物主义经历了古代的朴素唯物主义和近代的形而上学唯物主义的发展阶段。辩证唯物主义和历史唯物主义是唯物主义的第三个历史形态。唯物主义在其发展的某些历史阶段虽也存在这样那样的局限，但在总体上，在对人所生活的周围环境以及人的意识同物质世界的关系的认识上是正确的或基本正确的。

唯物主义哲学的最初历史形态是朴素唯物主义。恩格斯指出，朴素唯物主义的特征是：试图在某些一定的有形体中，在某些特殊的东西中，寻找具有无限多样的自然现象的统一。如：中国西周末年的史伯认为“土与金、木、水、火杂，以成百物”，《管子》书中以精气为构成天地万物的基本元素；古印度奥义书中有一种观点认为，地、水、风、火，或存在、质料、自然等是世界的根源；古希腊泰利斯认为，万物由水生成，又复归于水。他们都是把世界的本原归结为一种或几种具体的、特殊的物质形式。这是由于自然科学不够发展，人们往往用直观的方法观察周围世界的原因造成的。

唯物主义的第二个历史形态是形而上学的唯物主义，它是在资本主义生产方式出现以后形成的。这种唯物主义的特点是，承认世界是物质的，但却以孤立、静止、片面的观点去看世界。由于当时自然科学在个别领域（如力学）的发展，使得一些唯物主义哲学家往往用某种自然科学中的唯物主义观点来解释整个物质世界。17 ～ 18 世纪欧洲形而上学唯物主义的典型形式之所以是机械唯物主义，其原因即在于此。形而上学唯物主义在反对唯心主义和宗教神学的斗争中起过积极作用，但同时又具有明显的局限性。由于东方的印度、中国等国家都经历了一个漫长的封建时期，资本主义生产方式出现较晚，而且后来又先后沦为资本主义国家的殖民地、半殖民地，因而在这些国家里，资本主义的意识形态（包括哲学）都没有来得及得到充分的发展。尽管这样，在中国近代哲学中仍有形而上学唯物主义的某种形态存在。这种唯物主义吸取了西方近代自然科学的知识，同中国的传统哲学相结合，形成了一种既和西方某些哲学相接近，又有中国自己特色的机械唯物主义。例如：康有为吸取了自然科学的知识，对中国传统哲学中气的范畴作了新说明，把气说成是热、火、电产生的原因；谭嗣同吸收了当时物理学中的一个概念“以太”，用以说明世界的本原，认为世界上各种现象的关联、变化和结合，都是以太的作用；严复则受进化论的影响，宣传“物竞天择，适者生存”的观点，认为宇宙万物都从“质、力相推”中演化而成。这些学说都打上了西方机械唯物主义的烙印。这种唯物主义由于吸收了近代自然科学的知识，在某些方面超过了朴素唯物主义，但由于历史条件的限制，它没能得到充分的发展，远没有达到中国封建鼎盛时期的朴素唯物主义具有的那种异彩。至于同得到充分发展的西方机械唯物主义相比，就更为逊色。因此，在朴素唯物主义的发展上有很高成就的中国哲学，在近代的形而上学唯物主义方面，却缺乏像欧洲近代哲学史上那样的典型代表。而英国的经验主义、法国的唯物主义和德国 L. 费尔巴哈的人本主义，则构成了欧洲近代哲学史上形而上学唯物主义的几个最重要的流派。英国经验主义的奠基者 F. 培根认为，世界本质上是物质的，自然中真正存在的东西是按照一定规律活动的单纯个体，它的最小单位是分子。法国的 D. 狄德罗把统一的物质实体看作一切自然现象的基础。他认为，手风琴是木头做的，人是肉做的，音乐家是一种结构不同的肉做的，可是大家都有着同一的来源，都是属于物质的；P. H. D. 霍尔巴赫把物质理解为通过某种方式作用于我们感官的东西，他指出，物质的存在是不容置疑的，宇宙是一切存在物的庞大的结合体，它向人们表明到处都是物质和运动，到处都存在着客观的而不是假想的因果锁链；C. A. 爱尔维修关于本体论的唯物主义原则论述得并不多，在他看来，自 J. 洛克以来，这已成为自明的真理，他的哲学重点在于阐明人的认识和外界对象的关系，即人如何通过肉体的感受性感知外物。如上三位是 18 世纪法国形而上学唯物主义的代表。费尔巴哈的人本主义的出发点是唯物主义的自然观，这种自然观把自然界视为非发生的、永恒的实体。

思维和存在的关系这个哲学基本问题，是划分唯心主义和唯物主义两大派别的依据。但是这个问题除了两者谁是第一性的，谁是第二性的，谁决定谁这个方面以外，还有第二个方面，即世界能不能被认识。所有的唯物主义和彻底的唯心主义都主张世界可以被认识，但两者的出发点不同，具体内容也不同。唯物主义认为，世界是物质的，认识是物质现象在人脑中的反映，因而认识能够提供关于世界正确的映象。唯心主义认为，世界是意识的产物，认识世界就是意识自己、认识自己，因此世界也是可以被认识的。另一些哲学派别则认为世界不可能被认识，或者不可能被彻底认识，这在哲学史上被称作不可知论。其中有的派别认为我们的认识不可能超出自己的感觉，因此不但不可能知道外物的本性，而且连外物是否存在也不可能知道，这种观点的代表人物是 18 世纪的英国哲学家 D. 休谟；有的派别则承认外部世界所谓物自体的存在，但认为人们的认识只能达到物自体所表现出来的各种现象形态，而永远达不到物自体的本身，这种把现象和本质对立起来，认为现象和本质之间有一道不可逾越的鸿沟的观点，实际上也否认了客观事物的可知性，这种观点的代表人物是 18 世纪的德国哲学家 I. 康德。对哲学基本问题的第二方面的回答，虽然不是区分唯物主义和唯心主义的标准，但它同唯物主义和唯心主义的斗争密切相关。因为对第一方面的回答是对第二方面回答的出发点，只有从唯物主义观点出发才可能科学地解决世界的可知性问题；反过来说，也只有坚持世界可知论，才能贯彻唯物主义的基本原理。

唯心主义和唯物主义是两条根本对立的哲学路线。对待唯心主义，不能因为它代表了一条错误的哲学路线，就采取一种简单抛弃的态度，要看到它是人类认识的一朵不结果的花，是人类认识史上的一个环节。列宁在谈到唯心主义的认识论根源时说：“人的认识不是直线（也就是说，不是沿着直线进行的），而是无限地近似于一串圆圈、近似于螺旋的曲线。这一曲线的任何一个片断、碎片、小段都能被变成（被片面地变成）独立的完整的直线，而这条直线能把人们（如果只见树木不见森林的话）引到泥坑中去。”（《哲学笔记》，第 364 ～ 365 页）因此，不能简单地把唯心主义看成是某些哲学家捏造出来的胡说，它是他们在对自然界、社会和人类思维最一般规律的探讨过程中，把认识的一个片断、碎片、小段夸大的结果。值得注意的是，唯心主义在这种认识的片断、碎片、小段中，常常包含着许多有价值的、深刻的思想。不能因为唯心主义在螺旋式的认识曲线的终端发生了变形，而否认它在这条曲线的某个环节上有合理因素，否认这种因素在人类哲学思维的发展中有积极作用。恩格斯指出，在古希腊人和我们之间存在着 2000 多年的本质上是唯心主义的世界观，问题决不在于简单地抛弃这 2000 多年的全部思想内容，而是要批判它，要从这个暂时的形式中，剥取那在错误的、但为时代和发展过程所不可避免的唯心主义形式中获得的成果。

在哲学思想发展的过程中，除了存在着唯物主义和唯心主义的矛盾之外，同时还交织着辩证法和形而上学的矛盾。这一矛盾围绕着世界是否运动这一问题而形成。中国春秋战国时期有关于世界如江河一样奔流不息的辩证观点，也有飞鸟之影未尝动的形而上学观点。古希腊的赫拉克利特认为一切皆流，一切皆变，人不能两次走进同一条河流，爱利亚的芝诺却提出“飞矢不动”的命题，反映了辩证法和形而上学两种对立的动静观。世界是静止的还是运动的？对这一问题的回答，虽表现形式不同，但也贯穿于整个哲学史。在哲学史上常常有这样的情形，哲学家在回答世界的本原是物质的还是精神的之后，还要回答世界是静止的还是运动变化的。一个哲学家的辩证法或形而上学思想总是包含在他的唯物主义或唯心主义的体系之中，而不是游离于他的体系之外，是受他对哲学基本问题的答复制约的；反过来，对这个问题的回答，也能影响一个哲学家是否坚持唯物主义或唯心主义的立场。在哲学史上，唯物主义和唯心主义、辩证法和形而上学这两对矛盾形成一种十分交错复杂的情景。辩证法既存在于唯物主义体系中，也存在于唯心主义体系中；形而上学也是如此。在同一个哲学家的哲学体系中，既有辩证法也有形而上学的情形也不少见。

（二）哲学的特点

哲学的基本问题表明了哲学研究的对象及哲学自身的极端概括性和极端抽象性，也决定了哲学的其他一些特点。

哲学植根于经济基础，但却往往通过间接的方式反映经济基础。哲学是世界观的理论形式，同时又是一种社会意识形态。作为社会意识形态，哲学产生于一定的经济基础，并为它服务，这一点是哲学和其他社会意识形态诸如政治法律观点、艺术、道德等相同的地方。哲学和其他社会意识形态不同的地方在于，哲学离开经济基础较远，是属于恩格斯所说的“更高地悬浮于空中的思想领域”。因此，它不像有的社会意识形态，如政治法律观点，离经济基础那样近，受经济基础的制约那样明显，而是经过一系列中介，通过许多折光间接地反映经济基础。常常有这样的情形，经济基础发生了根本变化，政治法律上层建筑即跟着发生重大变革，而哲学这种社会意识形态的变化却非常缓慢。也常常有这样的情形，经济和政治的变革还没有发生，哲学的变革却成为先行，哲学的变革为经济和政治的变革开辟了道路。比起其他社会意识形态，哲学对经济基础具有较明显的相对独立性。

在阶级社会里，哲学具有阶级性，但却通过复杂的形式表现出来。人们站在不同的阶级立场上，对世界上各种根本问题的看法也就不同，哲学思想的根本方向决定于它所从属的阶级的根本利益。这就是哲学的阶级性。无视哲学的阶级性，看不到不同阶级在哲学上的对立和斗争，把阶级分析的方法排除在哲学史的研究之外是错误的。但是，不论是哪个阶级的哲学家，他的阶级立场、政治态度往往是通过对抽象的哲学问题的阐述，通过对自然界、社会、人类思维的最一般规律的阐述，间接地、曲折地表达出来的，那种对一个哲学家的学说不进行具体分析而采取简单化的贴标签的方法是不正确的。

哲学的发展具有自身的连续性。哲学不仅是当前经济基础的产物，而且也是历史的产物。任何一种哲学总是要继承前人的思想资料，继承前人哲学思维的遗产。对哲学发生影响的不仅有当前的经济基础和阶级斗争，而且还有哲学本身的思想渊源。哲学上的物质、精神、存在、思维、主体、客体、经验、理性、时间、空间、自由、必然等等概念的形成，是人类多少年来哲学思维发展的成果，不是哪一个时代的经济基础和上层建筑的产物。一部哲学史不能简单地看成是一部经济史和一部阶级斗争史的翻版。在哲学发展过程中，除了要看到经济必然性的作用和阶级斗争的影响外，不能忽视哲学作为一种世界观的理论形式本身所固有的规律。此外，政治法律观点、艺术、道德、宗教等社会意识形态对哲学也都有一定的影响。

（三）哲学与其他学科的关系及其自身的分化

唯心主义和唯物主义的斗争推动着哲学的发展，但是不能把哲学的发展单纯归结于此。恩格斯指出：在从笛卡尔到黑格尔和从霍布斯到费尔巴哈这一长时期内，推动哲学家前进的，决不像他们所想象的那样，只是纯粹思想的力量。恰恰相反，真正推动他们前进的，主要是自然科学和工业的强大而日益迅速的进步。在唯物主义者那里，这已经是一目了然的了，而唯心主义体系也愈来愈加进了唯物主义的内容，力图用泛神论的观点来调和精神和物质的对立。历史上的各种哲学学派、学说虽然呈现出一种纷繁复杂的局面，唯物主义和唯心主义哲学虽各有其兴衰隆替的历史，但是哲学作为人类的一种认识成果，从总体上说是随着人类社会的发展而不断进步的。这种进步的一个表现就是随着各种知识的分化，哲学从原来知识总汇的形态，逐渐演变成为以自然界、社会和人类思维的最一般规律为对象的学问，从而成为一门独立的学科。这种分化大大促进了哲学作为世界观理论体系的发展。在这方面，欧洲哲学发展的历史比较典型。在古希腊罗马时期，虽然有的哲学家把哲学当作研究世界本原的学问，称之为“第一哲学”，但由于当时知识没有分化，哲学和许多具体知识掺杂在一起，哲学更多地被人们当作知识的总汇，因此人们还不可能对客观世界和人的意识进行深入的哲学思索。在中世纪时，神学占了统治地位，各种学科都成了神学的侍婢，哲学也沦为神学的附庸，它的相当一部分内容成了证明上帝存在的工具。哲学处在这种地位不但没有发展的余地，而且出现了暂时的倒退。这种状况只是到了文艺复兴时期才有了根本改变。这一时期，随着生产力的发展、地理的发现，自然科学有了很大进步，天文学、力学、航海技术等等尤为突出。自然科学的基本方法是观察和实验，随着自然科学的发展，日益需要有一种新的知识基础。自然科学必须从哲学中分离出来，才能适应新的形势。这种分化既有利于自然科学的发展，也有利于哲学的发展。到这个时候，欧洲的哲学才以崭新的面貌出现于历史舞台上。哲学尽管发展成了一门独立的学科，但作为自然知识和社会知识的总结和概括，它与自然科学仍有着密切的关系。它的发展往往植根于自然科学的长足进步，如果不吸取自然科学的成果，哲学这一门最抽象、最概括的学问就会成为无根之木、无源之水。近现代的哲学发展史尤其说明了这一点。反之，自然科学的发展也离不开哲学。从古迄今，没有哪一种科学知识体系不是实际上以某种哲学为指导的，也没有哪一个科学家不是实际上具有某种哲学信仰的，所不同的仅仅表现在自觉的程度上。哲学作为世界观的理论形式，对各门具体科学均有普遍的方法论意义。这是哲学所特有的社会功能，是任何其他科学不能代替的。

伴随着自然科学和社会科学的发展，哲学的内部也发生了分化，出现了若干新的门类和分支。在古代的哲学中，认识论问题一般地说不占重要位置，而在近代，认识论在许多哲学体系中却处于一个突出的地位，在有的哲学体系中甚至处于中心地位。近代认识论的发展不仅是哲学思维本身发展的一个成果，而且也是社会实践和自然科学发展的结果。除认识论外，伦理学、美学的研究在广度和深度方面也远非古代可比。在古代，伦理学和美学的问题是和哲学问题混杂在一起的，而在近代，伦理学和美学则有了区别于哲学的自己的独立对象。如果说哲学是以真为对象，伦理学则以善为对象，而美学则以美为对象。伦理学和美学的发展，不仅是哲学思维发展的结果，而且同社会实践、同道德和艺术这些社会意识形式的发展分不开。另外，在古代作为哲学组成部分的逻辑，在近代，越来越形式化和符号化，逐渐成为一门独立的学科。20 世纪后，在马克思主义哲学的传播中，一些学者开始致力于自然科学和人类思维形式中辩证法的研究，在哲学研究的领域又出现形成自然辩证法和辩证逻辑分支学科的倾向。

二、哲学的三大传统

正像整个人类文明的摇篮是北非的尼罗河流域、南亚的恒河流域、西亚的两河流域和东亚的黄河流域一样，哲学的最早发源地也是在古代的东方。埃及、巴比伦，特别是印度和中国，是闪烁着人类最早哲学智慧之光的国家。古代东方有过灿烂的经济发展的历史。古代东方国家的农业、水利灌溉事业、建筑业的发展不但造就了一个物质文明繁荣的时期，而且也促进了科学的发展，特别是数学和天文学的发展，使人类在实践基础上对自然界的认识获得了前所未有的成果。与此同时，人类对于社会现象也获得了一定的知识。在自然知识和社会知识的积累和系统化达到一定程度的时候，人类的一般抽象思维能力开始发展成为哲学的思考。稍晚于东方但是很早也产生了哲学思维，且以其哲学思考持续久远、影响广泛而著称于世的是古希腊。发源于古希腊盛行于欧洲的西方哲学，与中国哲学、印度哲学并称为世界的三大哲学传统。

（一）中国哲学

根据可考的文字材料，在中国的奴隶制社会里，哲学思想的出现可以上溯到殷代（即商代，约公元前 16 世纪～约前 1046 年）。殷人早期的哲学思想和占卜巫术结合在一起。卜是一种灼龟甲算卦的方法。刻在这种龟甲以及兽骨上的文字即甲骨文是中国最古老的文字。甲骨文的内容大多为殷人占卜记录，故称卜辞。从卜辞看，殷人的最高神为“帝”或“上帝”。殷人对帝以及自己的先王、旧臣等鬼神十分虔信。在他们看来，诸凡生产的丰歉、征战的胜败、筑城的得失、诸事的顺逆，都取决于帝及鬼神的意志。从殷墟发掘出来的 10 万多片甲骨文看，这一点是很清楚的，但鬼神思想还不是殷人唯一的思想。《礼记·表记》谈到殷人思想时说：“殷人尊神，率民以事神，先鬼而后礼。”可见，除了鬼神思想以外，还有“礼”的思想。殷人所说的礼和对于上帝以及宗祖神的祭祀是分不开的。卜辞中的礼字作“豊”，又作“豊”，据中国近代学者王国维考证，是双玉盛在器皿中之意，是殷人的祭祀仪式。但殷人的礼同时兼具祭祀仪式和伦理规范的双重含义。另据《尚书·盘庚》载，殷人除了礼的思想外还有“德”的思想。如说：“非予自荒兹德”；“予亦不敢动用非德”；“式敷民德，永肩一心”。据《释名·释言语》说：“德，得也，得事宜也。”又据《说文》：“‘悳’（即德），外得于人，内得于己也。”在这里，德不仅是一个伦理范畴，而且已是一种朴素的对人生的哲学思索了。在中国早期哲学思想中值得特别提出的是载于《周易》中的八卦观念。《周易》的原始八卦：乾（☰，象天）、坤（☷，象地）、震（☳，象雷）、巽（☴，象风）、坎（☵，象水）、离（☲，象火）、艮（☶，象山）、兑（☱，象泽），可能形成于殷周之际。《易传·系辞下》说：“古者庖牺氏之王天下也，仰则观象于天，俯则观法于地，观鸟兽之文与地之宜，近取诸身，远取诸物，于是始作八卦，以通神明之德，以类万物之情。”其中的庖牺氏是传说中的人物，但这段话却道出了八卦产生的现实基础。它是人们长期观察各种自然现象所形成的一种观念。八卦包含四对矛盾，最基本的是天和地的矛盾，其次则是雷和风、火和水、山和泽的矛盾。这里不但包含了朴素的辩证法思想，而且包含了一种朴素的唯物主义思想。

至春秋战国时期（公元前 770 ～前 221），中国哲学逐渐成形，产生了诸子百家之说，出现了哲学思想的繁盛时期。之后，秦统一中国，汉代儒家学说占据了统治地位，印度佛教的传入，中国佛教哲学和道教哲学先后产生，各种哲学思潮相互斗争又彼此吸收，起伏张弛，形成了一条哲学发展史的长河。3000 多年来，在中国哲学发展史中先后研讨过如下问题：

1. 世界本原问题

这一问题包含两个方面，一是世界起源于什么，一是世界存在及发展变化的根据是什么。春秋末期的孔子肯定天命对世界和人世的决定作用。他所说的天有时指有意志的最高主宰，有时指自然界。与孔子同时代的老子在中国哲学史上第一个用高度概括的哲学范畴表述世界的本原。他否定天是世界的最高主宰，认为天、地乃至上帝都是由“道”产生的；在他看来道是一种无形、无名、混而为一、无法用言语表述的存在。《管子》中的《内业》、《心术上》、《心术下》、《白心》四篇提出了精气说，认为精气下生五谷，上为列星，流于天地之间谓之鬼神，是构成天地万物的最基本元素。汉代形成了元气说，认为天地万物皆由元气演化而来，又靠元气的滋养而存在和发展。东汉的王充认为万物皆禀气，唐代的柳宗元认为天地形成之前唯有元气，宋代张载提出关于气的系统理论，到明清之际的王夫之集气的学说之大成。魏晋时代的何晏、王弼以“无”为天地万物的根本，认为“无”是无形无象无声无色，什么具体属性也没有的抽象的绝对。宋代以程颐、朱熹为代表的一派理学家，把天地万物运动变化及人们行为遵循的普遍法则、道理置于天地万物之先，称之为“理”。明代的王守仁以“心”为“天地万物之主”。至近代，中国的一些哲学家吸收了西方的科学技术研究成果，曾提出以太说，如康有为、谭嗣同、章炳麟、孙中山等。

2. 天人关系

在中国哲学史上，有些哲学家把天视为有意志的人格化的上帝，认为人与天相类，人的本性、形体、社会道德观念等等都取决于天。其中最典型的代表是西汉的董仲舒，他以天为“百神之大君”、“人之曾祖父”，提出了天人感应的学说。有些哲学家以自然为天，认为天没有意志，也没有情感，人类的产生和生存是由自然的法则决定的，是一种自然而然的过程。东汉的王充提出了“天道自然”的命题，较全面地分析和批驳了天人感应的思想。以自然为天的哲学家们对人和自然法则的关系亦有不同理解，一部分人认为，人在自然面前是消极被动的，因而提倡无为，例如道家，特别是庄子学派中的一些人物；另有一些人，既承认自然法则的客观性，又肯定人对于自然的主观能动作用，如战国时代的荀子，提倡制天命而用之，批评庄子学派蔽于天而不知人。

3. 名实关系

名称、概念与实在事物之间的关系，是中国哲学史上讨论的一个重要问题。孔子首倡“正名”，认为名不正则言不顺，言不顺则事不成，强调名必可言，言必可行，具有名实相符的思想。稍后的墨子重视对实际事物的选取，认为空泛地议论事物之名是没有意义的，关键在于对实际事物作出正确的选择。道家否认名可表实的功用，认为道不可名，其中庄子有“名者实之宾”的思想。战国时代的公孙龙强调概念的确定性，提出“白马非马”的命题，认为“白马”专指白色的马，“马”泛指马类，二者不同。后期墨家意识到不同的名指实的范围不同，把概念分为达名、类名、私名，即普遍概念、分类概念和专用名称。荀子提出“制名以指实”、“约定俗成”的原则，主张实同则名同，实异则名异，以实为制名的基础。

4. 形神关系

它是精神和物质关系的一个方面。先秦时期,《管子》书中有“天出其精，地出其形，合此以为人”的形神论，有二元论倾向。荀子提出“形具而神生”的命题，肯定形是神的物质基础。到汉代，特别是魏晋南北朝时期，关于形神关系的观点已臻系统化，形成了两大派别。一派主张形神相离，一派主张形神相即。前者一般都认为精神主宰形体，形灭后精神可独立存在；后者一般都认为形体是精神存在的前提，形灭则神灭。汉代的桓谭以烛喻形，以火喻神，认为烛火不能离开蜡烛而独立存在，神也不能脱离形体而独存。晋代僧人慧远认为，神“感物而非物”，所以，“物化而不灭”。道教追求形神俱存，不死不灭，但认为形依靠神而存在，官方道教的创始人葛洪曾说“形须神而立焉”。南北朝时期的范缜对形神关系作了极为精辟的分析，提出“形者神之质，神者形之用”的命题，认为形存则神存，形灭则神灭，这一思想至今仍堪称为人类智慧的花朵。

5. 知行关系

在中国哲学史上，知行关系主要涉及知识来源、认识过程、求知方法和检验知识真伪的标准问题，比较侧重道德意识与道德行为的关系，也包含一般认识论的意义。

孔子认为有“生而知之者”和“学而知之者”。他提出“行有余力，则以学文”的程序，把“行”看得比“学文”更重要。老子根本否认行对知的意义，认为“不出户，知天下”，出之愈远，知之愈少；他所追求的对象是与具体的天地万物根本不同的道，因此须用“涤除玄览”的直观体验方法。战国初期的墨子以“三表”为检验知识真伪的标准，要“上本之于古者圣王之事”，“下原察百姓耳目之实”，“发以为刑政，观其中国家百姓人民之利”，以此衡量知识的价值，这涉及行为在认识过程中检验知识的功用。荀子强调行的重要作用，认为“不闻不若闻之，闻之不若见之，见之不若知之，知之不若行之”，把“行”引入了认识论。在中国哲学史上，关于知行关系的学说包含三种观点，一是知先行后，一是知行合一，一是行先知后。北宋的程颐认为，“须是识在所行之先”，“知了方行得”；南宋的朱熹强调，致知和力行不可偏废，但要究其先后，则“当以致知为先”。明代的王守仁不同意程朱知先行后的观点，认为“知之真切笃实处即是行，行之明觉精察处即是知”，强调知与行“合一并进”。明末清初的王夫之继承了中国古代重行的思想，批评王守仁的知行合一观点是“销行以为知”，认为“知非先，行非后，行有余力而求知”，“力行而后知之真”；近代的孙中山则以“行其所不知以致其所知”的口号，动员民众先行动起来，在行中求知。

6. 动静关系

在中国哲学史上，大多数哲学家都肯定天地万物的运动和变化，认为动与静是运动变化过程中的两个方面，二者相互依存、相互蕴涵、相互转化，但对动静何者为主、何者为本的问题却有不同看法。老子认为，“静为躁君”，“归根曰静，静曰复命”。王弼发展了老子的观点，认为“动起于静”，“凡动息则静，静非对动者也”，把静视为绝对的。东晋的著名僧人僧肇强调动静的联系，主张“即动而求静”，“求静于

诸动”，认为“动静未始异”。北宋的周敦颐认为“一动一静，互为其根”。程颐肯定“动静无端”。南宋的朱熹发挥了周敦颐和程颐的思想，认为“动静二字，相为对待，不能相无”，但最终还是“静者为主，而动者为客”。明末清初的王夫之认为“方动即静，方静旋动。静即含动，动不舍静”，二者相互包含，不可分离，并进一步提出“静者静动，非不动也”的观点，把静视为动的一种存在形式，辩证地解决了动与静的关系问题。

与动静关系密切相联的还有关于运动过程、运动方式以及运动原因的观点。老子提出向相反方面转化的思想，认为“反者道之

动”，“正复为奇，善复为妖”。战国时期的《易传》认为“刚柔相推而生变化”，肯定对立面的相互作用是事物运动变化的内在根源。晋代伪托的《列子》指出了天地万物运动变化的连续性和持续性，认为“生者不能不生，化者不能不化，故常生常化。常生常化者，无时不生，无时不化”。宋代的张载提出运动变化的两种形式，一者称“变”，一者称“化”，“变言其著，化言其渐”，认为显著的变化“变”与逐渐的变化“化”是相互转化的。王夫之在总结前人哲学思想的基础上，提出了比较系统的变化日新说，认为“天地之化日新，今日之风雷非昨日之风雷，是以知今日之日月非昨日之日月”，把

运动变化看成一个不断创新的过程。

7. 古今之变

在中国哲学史上，关于历史变迁的问题有三种不同的观点，一是历史退化论，一是历史循环论，一是历史进化论。春秋末期的老子推崇太古的原始社会，认为人类文明是人类失去素朴本性的原由，提倡返归素朴，退回到结绳记事的时代。战国时期的邹衍提出五德终始说，认为历史朝代是按照水、火、木、金、土五种德性相生相克的原则，周而复始，不断更替的。先秦的法家一般都承认历史的变异，韩非提出“世异则事异，事异则备变”的政见，主张随着历史的变迁而实行不同的治国方策。汉代的王充明确提出历史进化的观点，认为今胜于古，汉高于周，反对复古。至宋代，朱熹和陈亮曾就三代与汉唐的评价问题进行过一场辩论。朱熹推崇夏、商、周三代，卑视汉唐，认为秦汉以后“千五百年之间，尧舜三王周公孔子所传之道，未尝一日得于天地之间”，持历史退化论的观点；陈亮则认为，“汉唐之君，本领非不宏大开阔，故能以其国与天地并立”。中国哲学史中还广泛地论及历史变迁的原因。春秋以前以天命史观为基本形式，认为天降生了下民，又授命君主管理人世，君主能否“顺天应人”，是社会治乱兴衰的原因。这种思想影响深远，西汉的董仲舒把它进一步系统化，将王朝更替、社会变迁的原因归结为天意，提出“天不变，道亦不变”的观点。唐代柳宗元提出“势”的范畴，认为历史沿革的原因在于社会自身存在的必然趋势，否认圣人和上天的决定作用。明末清初的王夫之发挥了柳宗元的思想，认为历史发展趋势中有其内在的规律“理”，“势之顺者即理之当然者”，理、势一致，决定着历史的变化。

（二）印度哲学

印度最早的哲学思想主要见之于古老的宗教历史文献“吠陀”。吠陀产生于公元前20 世纪左右，中国古代音译有毗陀、韦陀、围陀、薜陀、吠陀等，意译有明论、知论等，原意是知识，特别是指宗教的知识。吠陀中最古老的一部分是对神的颂歌和祷文，被称为“吠陀本集”。吠陀本集共有四种，即《梨俱吠陀》、《夜柔吠陀》、《娑摩吠陀》和《阿闼婆吠陀》。吠陀本集有大量的神话，其中夹杂着一些对世界形成的合理猜测。有些颂歌宣称，世界由水、火、风构成；也有的认为世界由非存在（无）、原人、太一、气息、思维等创生。这都表达了最初的哲学观点。广义的吠陀还包括较晚出的梵书、森林书和奥义书。其中的奥义书虽然产生于宗教意识形态，但在很多方面已开始摆脱宗教神话的内容，以思维论证的方式来探讨人的本质、宇宙的根源、人和精神世界的关系、死后的命运等带有哲学意义的问题，例如探讨所谓宇宙灵魂“梵”和个体灵魂“我”的关系，并提出“梵我不二”这一原始的哲学本体论命题。之后，婆罗门教以吠陀为根本经典，进一步发展了吠陀中的各种哲学倾向；顺世论、佛教、耆那教和生活派等不承认吠陀的权威，并且各自提出了不同的哲学观点。

1. 婆罗门教哲学

婆罗门教源于吠陀教，形成于公元前 8 至前 7 世纪，因以崇拜婆罗贺摩（梵天）而得名。它信奉多神，以梵天、毗瑟拿和湿婆为主神，认为它们分别代表宇宙的创造、护持和毁灭三个方面；相信轮回业报之说。婆罗门教在其产生和发展过程中形成了很多哲学学派，其中影响较大的有数论、瑜伽派、胜论、正理论、弥曼差派和吠檀多派。

数论认为世界是由“神我”和原初物质（自性）结合产生的。神我是一种精神实体，既不创造也不被创造，永恒不变。原初物质处于混沌未变的状态时具有喜、忧、暗三种德性。原初物质与神我的结合破坏了三德的平衡，从而推动原初物质发生变异，形成世界上的各种事物。但在原初物质的变异过程中，神我只是一个“不活动者”、“观者”，起着观照的作用。

瑜伽派最初与数论有非常密切的关系。

数论是瑜伽的世界观，瑜伽是数论的修行方法。瑜伽派认为原初物质和神我的结合是一切痛苦产生的根源，所以它把断绝痛苦的根源，使神我独存作为自己的根本目的；又认为作为认识主体的心在修行中起着重要的作用，所以瑜伽是为了抑制和断灭心的作用。瑜伽的修行方法被印度很多宗教和哲学派别摄取。

胜论认为物质世界是独立于我们认识以外的一种客观存在，由不同性质的永恒的原子（极微）组成，多重原子的积聚形成物理世界的多种形态，原子的结合是由不可见力的规律推动的。

正理论主要是借助逻辑推理来考察世界

上的各种现象，因此，它着重探讨了认识的对象、方法、逻辑的推理、辩论的方式和错误的原因等等。它把认识的对象分为灵魂、身体、感觉器管、感觉对象、知性、心、行为、过失、彼岸的存在、果报、苦、解脱等等。正理论的认识对象既包括着自然观点，也包括着宗教伦理思想，既承认物质的本原（原素、器官等等），也承认精神的本原（灵魂、知性、心等等）。

弥曼差派以研究祭祀为根本目的，认为祭祀是沟通神人之间关系的活动，因此是人的最重要的义务。在此基础上它提出了量论和声常住论。量论是指认识真理和证明真理的逻辑方法；声常住论把“声”视为语言背后的一种常住不变的实在。弥曼差派承认人的果报和世界的劫灭是由祭祀本身的力量产生的，在祭祀以前“无所有”，在祭祀后才能生成一种新的力量——“无前”，这实际上否定了自在天或最高神是创造主。

吠檀多派认为世界的最高主宰是“梵”。梵是宇宙精神，是无限，它无所不在、永恒不灭；既无差别，也没有形态和属性；既不能用概念来理解，又不能以语言来表达；是世界各种现象产生、维持和毁灭的终极原因。梵是“最高我”，个体灵魂是“生命我”。生命我具有普遍灵魂或最高精神的内涵，是由最高我演化来的，与最高我在本质上是同一的，只是它受到了非永恒器官的局限。这种理论被称为“梵我如一”。

公元前6至前5世纪，因佛教和耆那教的广泛传播，婆罗门教一度衰落，但在4世纪笈多王朝时又有复苏。8～9世纪间，经商羯罗等人的改造，演化成为印度教或新婆罗门教。

2. 顺世论哲学

顺世论是印度最古老的唯物主义哲学派别。传说最早的宣传者是贤者毗诃婆提。这派的经典在印度已被焚毁殆尽，中国的史籍中还有些记述。顺世论认为世界的基础是物质，构成物质的原素是地、水、风、火，称为“四大”；一切有情物都是四大和合而生的，人死后还回归于四大；物质是不断运动的，它具有内在的力量。顺世论否定永恒的、无所不在的灵魂，认为灵魂与肉体同在，是肉体的属性；否认轮回业报说，反对祭祀和苦行，认为幸福在于现世生活；以感觉经验为认识的唯一来源，认为除知觉外，其他的证明都是可疑的。顺世论是从古代至中世纪一直流行在广大人民中间的世界观和人生观。它随着佛教传入中国，并在中国产生了一些影响。

3. 佛教哲学

佛教形成于公元前 6 世纪左右，创造人是释迦牟尼，在其发展过程中经历了原始佛教、部派佛教、大乘佛教、密教四个时期。

原始佛教把世界一切现象的原因归结为各种相互依存的关系或条件（因缘）；否认婆罗门教所谓的世界终极原因及主宰人生的“我”或灵魂，认为万有是由“五蕴”（物质现象、感觉、知觉或表象作用、意志、意识或认识作用）构成的。原始佛教还认为“一切皆苦”，有生苦、老苦、病苦、死苦、怨憎会苦、恩爱别离苦、求不得苦、五取蕴苦等。这些痛苦是由“十二因缘”引起的。十二因缘之首是“无明”，即无知，所以消除痛苦的途径在于消除无明，求得觉悟。

公元前 4 至前 3 世纪，佛教分化为上座部和大众部两大派，之后又从这两大派中分裂为十八部或二十部，从而进入部派佛教时期。部派佛教将宇宙万有“法”分为“有为法”和“无为法”，认为有为法依因缘而生灭，无为法不生不灭。不同部派对法的本体和作用有不同理解。有的认为本体实有。有的认为本体假有。有的认为法体永恒存在，过去、现在和将来三世都是实有的。还有的认为，无为法是实有的；有为法借因缘而生灭，过去的已经断灭了，未来的还没有生起，仅仅在现在的一刹那间才有法体和作用。由于部派佛教承认因果报应和轮回，所以不得不承认有变相的“我”或灵魂存在，但它们一般都认为“我空法有”。

1 世纪前后，大乘佛教兴起。“乘” 有

运载或道路的意思。后期的佛教自称为“大乘”，即“大道”，把前期佛教贬称为“小乘”。大乘的主要派别有中观派（空宗）和瑜伽行派（有宗）。中观派的创始人是龙树和他的学生提婆。该派以“空”为最高真理，认为世界上的一切事物以及人们的认识，包括佛法在内，都是一种相对的、依存的关系“因缘”或“缘会”，都是一种假名。它们本身没有实体性，只有排除了这种因缘关系，才能达到最高的真理“空”或谓“中道”。瑜伽行派的理论奠基人是无著和世亲。该派认为世界上一切现象都是由精神实体“识”变现出来的。识分八类，即眼识、耳识、舌识、鼻识、身识、意识、末那识、阿赖耶识；其中的第八识中藏有宇宙万有的“种子”，在时机成熟的时候便生出宇宙万有。5～6世纪瑜伽行派大师陈那等人特别注重因明的研究，对印度佛教逻辑的发展作出了贡献。

6～7世纪，大乘佛教的一些派别与婆罗门教、印度民间信仰相结合，形成了佛教的密宗。它以高度组织化的咒术、礼仪为特征，在教理上采用大乘中观、瑜伽的思想，或者把两派结合起来，认为大日如来佛的法身也就是宇宙本原的六大（地、水、风、火、空、识），真实本体和森罗万象二而为一，认识了现象即认识了本体。之后东传的密教大师又把六大分为“随缘六大”和“法尔六大”，前者是随因果关系显现的现象的存在，后者是本来存在的六种原素，两者是所生和能生的关系，形影相随。密教认为，六大法身即是佛的真身，它综合着十界、六凡、四圣，宇宙的一切都是六大法身的个别显现。

8～9世纪之后，印度教开始兴盛，佛教内部派别纷争加剧，外族入侵频繁，加之伊斯兰教徒的武力征服，印度佛教在本土上开始衰微，13世纪初趋于消亡，19世纪后才又有复兴。

4. 耆那教哲学

耆那教是印度最古老的宗教之一，公元前6至前5世纪经筏驮摩那改革而得到较广泛的传播。该教认为世界是由灵魂“命”与非灵魂“非命”两类原素构成的。灵魂存在于地、水、火、风之中，也存在于植物之中。非灵魂分为物质和不定形物质两种。物质是由原子复合构成的；不定形物质由运动的条件“法”、静止的条件“非法”和空间、时间四种东西构成。人的行为“业”也是一种特殊的、细微不可见的物质，它附着于灵魂，形成一种障碍，使本来清净、圆满的灵魂受到“系缚”。耆那教主张通过不杀生、不欺诳、不偷盗、不奸淫、不蓄私财等五戒和持正智、持正信、持正行三宝来扫除旧业，防止新业，以使灵魂呈现出原有的光辉，摆脱轮回，求得解脱。耆那教在公元前后分裂为天衣派和白衣派，中世纪较为盛行，20 世纪又进行了改革，迄今还在流传。

5. 生活派哲学

生活派是和佛教同时同地区发展起来的一个宗教派别，中国旧称之为邪命外道，据传创始人是末伽梨·拘舍罗。该教认为宇宙和万物都是由灵魂、地、水、火、风、虚空、得、失、苦、乐、生、死等 12 个原素构成的。地、水、火、风是纯粹的物质，虚空是其他原素存在的场所，苦、乐、生、死是独立的精神原素，各种原素按照机械的自然的方式结合在一起，并受命定的支配。在命定的锁链中人的意志是无能为力的。生活派认为一切定合都有其自性，否定事物以外的其他原因。该派在印度次大陆一直流传至 14 世纪才消亡。

（三）西方哲学

古希腊历来被认为是欧洲文明的摇篮，也是欧洲乃至整个西方哲学的故乡。古希腊哲学的最早流派米利都学派约产生于公元前 7 或前 6 世纪，在此之前，古希腊哲学也有一个漫长的孕育时期。在一定意义上可以说古希腊哲学的前提是古希腊神话。古希腊神话包括神的故事和英雄传说两部分。在最古老的神话中，讲到了天地的开辟、众神的诞生、人类的起源等等。在古希腊人的想象中，神和人是同形同性的，神具有人的形象和人的感情。神和人不同的地方，在于他们是永生不死的，他们比人更高大、更有力量，而且主宰着人间的祸福和命运。奥林匹斯山的12个主要的神实际上就是自然力的化身。至于希腊神话中的英雄如柏修斯、海格立斯、提修斯等等，都是神和人所生的半人半神。他们的经历、事迹虽然很离奇，却反映出古代希腊人在同自然力量的长期斗争中所作出的光辉业绩。可见，古希腊神话是当时的历史现实在人们头脑中特殊的、形象化的反映。古希腊神话在荷马著的《伊利亚特》和《奥德赛》这两部史诗以及赫西俄德所编的《神谱》中保存得很完整。荷马的两部史诗对古希腊文化影响很大，《伊利亚特》和《奥德赛》实际上是一种集体创作。荷马史诗最初出现在什么时候已经无从查考，现存的形式是庇西特拉图带给雅典的，他在公元前560至前527年（包括间断期）执政，所以是公元前6世纪的作品。荷马史诗初胚的形成期肯定要早得多。赫西俄德为公元前8世纪希腊诗人，他的《神谱》描绘了一个诸神的谱系。它用传统的神话作思索的基础，通过对诸神产生原因的探究，曲折地表达了对万物起源进行解释的愿望。在希腊的神话中，关于奥尔弗斯的传说对后世希腊哲学有相当影响。相传他是色雷斯王奥依罗的儿子，懂音乐。后世以神秘的创世说附会之，形成教派流行于希腊世界。奥尔弗斯教义认为，现世生活充满痛苦和无聊，人被束缚在一个轮子上，永无休止地在生死循环里转动。唯有靠生命的净化，靠一切苦行，才能免于轮回，达到与神相通、合一。信奉奥尔弗斯教义的人时时追求一种所谓神我合一的狂喜迷醉的状态，他们相信以这种方式可以获得其他方式所不能达到的神秘知识。这种神秘的成分随着毕达哥拉进入古希腊哲学特别是柏拉图哲学，又从柏拉图进入后来大部分多少带有宗教性质的哲学。古希腊的哲学思想虽然以神话和传说为前提，但神话和传说中的神和半人半神的英雄都是现世人的投影。有的学者在谈到古希腊神话中的神的特点时指出：大多数民族的神都自命曾经创造过世界，奥林匹斯的神并不自命如此。他们所做的主要是征服世界。这正是古希腊神话中可贵的地方，是通过神话的形式反映出古希腊人的积极、进取的人生态度。西方哲学从神话中脱胎而出之后，在马克思主义哲学形成之前，大约经历了古希腊罗马哲学、中世纪哲学和近代哲学三个时期。

1. 古希腊罗马哲学

它大体上又可分为三个阶段：

①公元前 7 至前 6 世纪，哲学家们重视宇宙本原的研究，这个阶段的哲学被称为自

然哲学。由于对世界本原的回答不同，哲学家居住的地区不同，形成了米利都学派、爱非斯学派、毕达哥拉斯学派、爱利亚学派等。米利都学派以“水”、“无限定”、“气”为世界本原；爱非斯学派的赫拉克利特认为，世界万物都是符合规律地燃烧和熄灭着的火；毕达哥拉斯学派把“数”视为事物的原型，认为数构成宇宙的“秩序”，“凡物皆数”；爱利亚学派把千变万化的世界归之为虚幻的假相，认为唯一真实的东西是“存在”，“存在”是单一的、有限的、不变的、不可分割的。后期的自然哲学家们又提出了“四元素”（水、火、土、气）、“种子”、“原子”等概念，以探求世界的本原；

有的则进一步探求世界运动变化的原动力，认为有一种最精细的、能动的、物质性的东西“奴斯”，促使热和冷、干和湿等相对应以及“种子”从原始混合体中分离出来，开始运动，并构成无数的宇宙和具 体事物。

② 公元前5世纪，古希腊哲学的重点由研究自然转移到了研究人。这时的智者不相信有真正的存在和客观真理，普罗泰戈拉认为，一切都同样真，是非善恶是相对人的感觉而言的；高尔吉亚又认为一切都同样假。自称为“爱智者”的苏格拉底认为存在着客观真理，认识真理也是可能的；真正的知识是从具体的道德行为中寻求各种道德的普遍定义；寻求定义的方法就是论辩

诘难。

③ 公元前4世纪，古希腊哲学进入系统化阶段，代表人物有柏拉图和亚里士多德。柏拉图提出了理念论，认为现实的、可感知的世界不是真实的，在它之外存在着一个永恒不变的、真实的理念世界。理念是个别事物的“范型”；个别事物是完善的理念的不完善的“影子”或“摹本”；以个别事物为对象的感觉不可能是真正知识的源泉，而真知是不朽灵魂对理念的“回忆”。亚里士多德不同意柏拉图的理念论，他把理念称之为“形式”，认为“形式”不能脱离个别事物而独立存在，形式是事物的本质，存在于事物之内。具体事物是由质料因、形式

因、动力因和目的因构成的。质料与形式结合的过程，是潜能转化为现实的运动。但他又提出了一个事物最后的目的、运动最终的原因“第一推动者”，认为它是一个没有质料的形式。亚里士多德去世后，希腊文化逐渐与罗马文化相结合，在800多年的时间里，出现了很多哲学流派，主要有伊壁鸠鲁学派、斯多阿学派和以皮浪为代表的怀疑论等。它们在前人思维发展的基础上进行了比较深入的探讨，并涉及了伦理问题及宗教问题。在古希腊罗马哲学系统化阶段，亚里士多德创立的形式逻辑为传统逻辑打下了坚实的基础。

2. 中世纪哲学

欧洲中世纪，天主教在世俗生活和精神生活各方面都占据了统治地位，哲学成了神学的婢女，它的作用是为信仰作理性的解释。5～10世纪是中世纪哲学的早期，这段时期哲学研究的重点是关于普遍与个别的关系问题。后期罗马哲学家A. M. T. S.波爱修非常重视具有多样性的个别事物的真实性，认为共相存在于个别事物之中，其本身不是物质性的。爱尔兰的哲学家J. S.爱留根纳认为普遍的整体是最真实的，神就是总体，它创造一切，包罗一切，又超越一切。神与万物不同，万物是神的部分，但神又在万物之中。11世纪初至14世纪初，在中世纪早期哲学思想的基础上，形成了唯名论与实在论两个派别。以法兰西经院哲学家罗瑟林为代表的唯名论认为，只有个别的东西有实在性，个别先于普遍，普遍只不过是名称，“共相”不过是人所“发出的声音”，实际上并不存在。这种思想反映在宗教上，否认了三位一体的最高的神，只承认分别存在的圣父、圣子及圣灵。以基督教哲学家安瑟尔谟为代表的实在论认为，真实存在的是“共相”，不是具体的个别的事物，有一个“无始无终的真理”存在于一切事物之先。这种思想反映在宗教上，承认普遍的教会实在，认为个别的教会是从属的；承认基督教的普遍教义实在，认为个别人的信仰是从属的；承认原罪实在，认为个别人的罪恶是从属的；承认三位一体的最高的神实在，认为三位分离的神是从属的，等等。14 世纪初至 15 世纪中，由于教会的衰微和自然科学的发展，正统的经院哲学日趋没落，哲学愈益脱离神学，个人自由的思想开始萌发，中世纪哲学逐渐向近代哲学过渡。

3. 近代哲学

西方近代哲学是伴随着人类的自我觉醒而形成的。这个时期，人们的思想从宗教的彼岸世界返回到了尘世，从而发现了自然，也发现了人自身，开始追求知识，渴望个人自由。

15 世纪至 17 世纪初是西方近代哲学的第一阶段。这一阶段的研究中心是人和自然，形成了人文主义和自然哲学两股互相联系又有一定区别的思潮。人文主义主张以人为中心，一切为了人的利益，反对灵魂不朽之说和禁欲主义。自然哲学的代表人物一般都主张用经验观察的科学方法代替经院哲学的推演方法。意大利的 B. 特莱西奥认为，物质是永恒的，热和冷的对立作用是物质运动的原因；G. 布鲁诺认为宇宙是无限的，太阳系只是其中的一部分，自然界即是神，它由单子构成，单子是物质和精神、质料和形式的统一体。自然哲学的代表人物中不少人是自然科学家，他们的科学研究往往与魔术、炼金术、占星术混在一起，使他们的哲学思想带上了不少想象和虚构的成分。

17 世纪初至 18 世纪末是西方近代哲学的第二阶段。这一阶段哲学的注意力集中在认识主体与认识客体的关系方面，形成了经验论和唯理论两个派别。以 F. 培根和 J. 洛克为代表的唯物主义经验论认为，后天获得的对外部世界的感觉是认识的来源，感觉是可靠的。培根承认自然界是物质的，物质是能动的、多样的，认为掌握知识的目的是认识自然和征服自然，知识就是力量；洛克认为心灵是一块“白板”，观念是外界事物在白板上留下痕迹的产物。以

B. 斯宾诺莎为代表的唯物主义的唯理论认为，认识的对象是客观存在的自然界，但是只有理性才能把握它，感觉经验不可靠。斯宾诺莎把自然界视为唯一的“实体”，认为思维及广延是统一的唯一实体的两种属性，个别事物是实体的变形，只有通过理性把握了唯一的实体，才能认识个别事物。以笛卡尔和 G. W. 莱布尼茨为代表的唯心主义唯理论认为，只有在一个完全清楚明白无可怀疑的公理的基础上，经过理性认识能力进行清楚明白、准确无误的推理，才能得到真正的知识。笛卡尔提出了“天赋观念”说，认为人的理性认识能力是天赋的，不证自明的第一公理也是人生固有的、天赋的。不过，他除了承认精神实体独立存在外，还承认独立存在的物质实体，并把这两个相对的独立的实体统一于一个绝对的实体“上帝”；莱布尼茨进一步发展了笛卡尔的思想，认为一切观念都是天赋的，但起初是作为倾向、禀赋、习性或自然的潜能存在于人们心中，须经加工才真正显现出来。以巴克莱和休谟为代表的唯心主义经验论认为“存在就是被感知”。巴克莱断定世界上除了感知的精神实体和被感知的知觉之外，什么也没有；休谟则进一步认为真实存在的只有知觉，经验由知觉构成，知觉以外的东西都是不可知的。18世纪，除了存在唯理论和经验论的争论外，对西方哲学的发展有较大影响的还有一批法国启蒙思想家和百科全书派的唯物主义哲学家。从西方近代哲学第二阶段的总体来看，带有机械的形而上学的特色。

从18世纪末的康德哲学起，西方近代哲学进入第三阶段，哲学史上称之为“德国古典哲学”，主要代表有康德、J. G. 费希特、F. W. J. 谢林、黑格尔和费尔巴哈。前四人力求在克服机械性、形而上学性的前提下，把世界统一在思维的基础上，认为世界的本质是精神的。精神、自我、主体在他们的哲学中占居中心地位。康德承认在人们的感觉经验之外存在一个“物自体”，它是感觉经验的来源，但却永远不能被认识。物自体的刺激使人产生感觉经验，然后认识主体感性，知性分别与时空、十二范畴等认识的先天形式相结合，整理感觉经验材料，以达到对现象的系统认识；理性是处于知性之上的最高一级的综合能力，它要求认识世界的本质，但却永远达不到目的。如果理性把相对的现象绝对化，自以为已经把握了全部的真理，就必然陷于假相。费希特则进一步取消了康德的“物自体”，认为世界上的一切都是“自我”创造的，主体“自我”创造了客体“非我”，又进一步达到自我与非我的统一。谢林创立了同一哲学，认为客体和主体、自然和精神、存在和思维，表面相反，实则同一，都是浑然一体的无差别的“绝对同一”的不同阶段。黑格尔把整个世界视为“绝对理念”自身演化的过程，认为绝对理念自身包含着既对立又统一的两个方面。它们的对立统一使绝对理念自身沿着正、反、合三段论的模式进行着概念的演化，以至绝对理念外化为自然界，自然界的演化又产生具有自我认识能力的人类和人类社会。人类的认识由认识自然界，逐渐向认识自己和认识意识自身发展，最后达到绝对理念的完全自我认识，整个世界便又回归到了绝对理念自身。德国古典哲学影响较大的最后一位哲学家费尔巴哈，批评黑格尔的哲学是“思辨神学”。他认为自然界是唯一实在的，除了自然界和人之外，再没有其他东西。神和上帝是人自我异化的产物，是人创造了神和上帝，不是神和上帝创造了人。自然界产生了人，人及其思维器官都是自然界的产物，离开了自然界，思维便不能存在，不是精神产生自然，而是自然产生了精神。不过费尔巴哈在抛弃黑格尔唯心主义的同时，连同黑格尔的辩证法也一起抛弃了。

在世界哲学发展的历史中具有一定影响的哲学系统，还有朝鲜哲学、日本哲学、巴基斯坦哲学、斯里兰卡哲学、越南哲学、伊朗哲学、阿拉伯哲学、俄罗斯及其他地区的一些哲学。它们或多或少都受了三大哲学传统的影响，但又具有各自哲学思维方式的特点。其中，阿拉伯哲学在中世纪起到了向西欧传播亚里士多德哲学的媒介作用，它对亚里士多德哲学亦有重大发展，成为世界哲学发展史中的重要环节。

三、哲学的根本变革

西方近代哲学的发展归根结底是由于工业和自然科学的推动。但是，直到马克思主义哲学出现以前，近代哲学又有其明显的局限性。由于那时的科学成就还不能给世界发展的全貌提供出一幅完整的图画，因此，以认识世界的总体作为自己任务的哲学，即使是唯物主义的哲学，也不可能完全依靠科学的成果来实现这一任务。为着描绘世界的全体，那时哲学家必须在许多方面，凭借某种逻辑方法，甚至某种想象来进行推演，以补科学材料的不足。这些哲学往往企图站在科学之上，独立地创造一个包罗万象的知识体系。他们中间有的人就把这种哲学叫做“科学的科学”，他们认为在自己的哲学体系中应该、而且已经穷尽了世界的一切知识，他们往往把自己的体系看成是人类认识发展的顶峰。实际上，这样的体系虽然也对当时的科学成就有所概括，但又包含着大量主观臆测的成分，其中虽不乏天才的思想，但又包含着许多不科学的，甚至荒谬的因素。西方近代哲学具有明显的二重性，一方面它是人类哲学思想发展的一个新阶段，反映了人类对世界上许多根本性问题认识的深化，另一方面又带有那个时代所固有的弱点和局限。历史的发展要求有一种崭新的哲学产生，这种哲学能够继承以往人类哲学思维的宝贵遗产，能够吸取当代科学的各种优秀成果，能够体现一种新的时代精神的精华，并把人类的哲学思维大大推向前进。这个哲学就是马克思主义哲学。

（一）变革的背景

马克思主义及其哲学产生于 19 世纪 40 年代，这是一个伟大的历史时代。当时欧洲的许多国家进入了资本主义的较高发展阶段。成熟的资本主义生产方式孕育了成熟的无产阶级，无产阶级作为独立的政治力量开始登上历史舞台。18 世纪的无产阶级仍是一个自在的阶级，它所进行的反对资本主义的活动尚处在自发的状态。到了 19 世纪三四十年代，无产阶级已逐步成长为一个自为的阶级，它所进行的反对资本主义的活动已成了一种自觉的活动。这一时期英国、法国和德国的无产阶级发动的宪章运动、里昂起义以及西里西亚起义，震撼了资产阶级的统治，表现出无产阶级创造历史的伟大作用。然而，无产阶级要真正认清历史的必然，真正懂得自己所担负的历史使命，需要有一种科学的理论作指导。马克思主义及其哲学正是顺应无产阶级运动进一步发展的需要而产生的，它是无产阶级运动的经验总结，而作为一种科学的理论，它又是无产阶级运动进一步发展的指针。

马克思主义及其哲学不仅是先进阶级的理论思维，而且也是科学的理论思维。它继承和发展了几千年来人类一切优秀的文化成果，特别是继承和发展了 18 世纪下半叶至 19 世纪三四十年代巨大的科学成果。从文艺复兴至 18 世纪上半叶，自然科学经历了一个曲折的发展过程。在这一时期，一方面漫长黑暗的基督教的中世纪宣告结束，人类的智慧从神学的羁绊下得到解放，科学、文化、艺术得到了前所未有的发展；另一方面，长时期的神学统治，使得许多知识部门残缺不全，许多工作必须从头做起。因此，自然科学此时主要处于一种分门别类地搜集材料的阶段，还谈不上系统整理，更谈不上理论概括。这种情形给当时的理论思维打下了深刻的烙印。当时在自然科学界占统治地位的理论思维是形而上学。正如恩格斯所描述的，这个时代的特征是形成了一个特殊的总观点，这个总观点的中心是自然界绝对不变的见解，认为不管自然界本身是怎样产生的，只要它一旦存在，那么在它存在的时候始终就是这样。同在时间上发展着的人类历史相反，自然界的历史被认为只是在空间中扩张，自然界的任何变化、任何发展都被否定了。开始时那样革命的自然科学，突然站在一个彻头彻尾保守的自然界面前，在这个自然界中，今天的一切都和一开始的时候一样，而且直到世界末日或万古永世，一切都将和一开始的时候一样。这样的一种理论思维成了钳制人们头脑的新的禁锢。

从 18 世纪下半叶开始，情况发生了变化。这种僵化的自然观连连遭到自然科学新发现的冲击，在这个僵化的自然观上打开第一个缺口的是康德。1755 年，康德的《自然通史和天体论》出版，它科学地论证了地球和整个太阳系是某种在时间的进程中逐渐生成的东西。接着，地质学的发现，证明不同层次的地层是经历了漫长的地质年代而逐步形成的；同时，从一部分地球上已经绝种的动植物化石看到，它们也曾经有过自己的生存历史。到了 19 世纪，自然科学又有了新的发展。这时不只力学和数学，其他许多重要部门如物理学、化学、生物学等也都取得了不少进展。自然科学以分门别类搜集材料为主的阶段宣告结束，开始进入系统整理和进行理论概括的阶段。在马克思主义产生以前，自然科学最突出的成就是细胞学说的确立、能量守恒和能量转化规律的发现以及进化论的新发展。这三大科学发现对那种僵化的自然观是沉重的打击。在这种打击面前，形而上学的阵线开始崩溃，而人们对自然界各种现象之间存在着辩证的联系以及每一现象都有它的发展历史这一点有了深刻印象。三大科学发现以及这一时期其他的科学成就为辩证唯物主义世界观的形成奠定了坚实的自然科学基础。

当经验的自然科学积累了大量实证的知识材料，从而为一种崭新的哲学思维的形成开辟道路之际，社会科学领域也结束了多年来形成的沉寂局面，出现不少新的突破。走在前面的是经济学。18 世纪 30 年代开始的英国工业革命揭开了资本主义生产发展的新的一页，随着机器工业的出现，资本主义的生产关系也发生了相应的变化。作为资本主义生产关系的理论表现的古典经济学，从 18 世纪开始日益以成熟的形态出现在人们的面前。资产阶级古典经济学特别是亚当·斯密和 D. 李嘉图的经济学说，在经济思想史上开辟了一个新的时期。亚当·斯密第一次提出任何一个生产部门的劳动都是国民财富的源泉的观点。他说的国民财富就是指商品。他的这个观点实际上是说劳动创造了各种商品。他认为商品有一定的劳动量的价值，正因为这样，人们可以用它交换含有同量劳动价值的物品。这个理论是亚当·斯密的经济学说中最有价值的内容。虽然这个理论还不完善，还掺杂着不少谬误，但它为人们正确认识资本主义的商品和商品生产，打开了思路。李嘉图继承了亚当·斯密的劳动价值学说，并把它向前推进一步。他明确地提出劳动时间决定商品价值的原理，认为商品的价值只能用生产这一商品所消耗的劳动来测定，这不仅包括生产该商品时直接耗费的劳动，还包括生产该商品时所耗费的生产资料和原料的价值。这两种耗费的不同在于，直接耗费的劳动能够创造新价值，而生产资料、原料的价值只能是一种转移，它本身并不创造新价值。李嘉图作为一个资产阶级经济学家未能揭示出资本主义生产的秘密，他的理论观点也有不少错误，但他的学说进一步引起人们对资本主义商品生产的思索。这一时期在历史科学领域也打破了多年来对历史事件就事论事进行描述的传统，而有了一定的创新。由于资本主义生产方式的进一步发展，无产阶级和资产阶级的阶级斗争日益尖锐，以至在历史领域要想抹杀、掩盖这种斗争的存在已成为不可能。19

世纪历史科学的新成果就是一批历史学家，主要是法国复辟时期的历史学家，如F. P. G. 基佐、F. A. M. 米涅、A. 梯也尔等，第一次在描述历史事件时引进了阶级斗争的概念。尽管他们对阶级的起源、阶级的实质、阶级斗争的起因以及阶级斗争的最终结局还缺乏科学的分析，但毕竟在正确认识历史现象方面跨出了重要的一步。社会主义学说的新发展是这一时期社会科学方面的又一成果。自从T. 莫尔于1516年发表《乌托邦》、T. 康帕内拉于1623年发表《太阳城》以来，经过了一段漫长的历史时期。这期间资本主义腐朽、黑暗的一面日益暴露，大大增加了人们对资本主义社会的厌恶和对于一种新的、理想社会的憧憬，于是到了 18 世纪和 19 世纪初出现了以 H. 圣西门、C. 傅立叶和 R. 欧文为代表的空想社会主义。和莫尔、康帕内拉不同，圣西门、傅立叶和欧文对资本主义社会的揭露和抨击要深刻得多，对未来理想社会的设想要具体得多。由于空想社会主义者的历史观是唯心主义的，他们把社会主义看成是人类理性的产物，认为只要通过宣传、说服和某种示范，使人们认识到社会主义的合理性，那么一切人，包括王公贵族都会接受社会主义。因此，他们排斥革命，排斥暴力，拒不承认无产阶级的历史作用，而把希望寄托在人们的理性、良知，特别是上层人物的理性、良知上面。这种空想社会主义在理论上颇多谬误，在实践上亦陷于失败，但它却引起了人们对资本主义社会存在价值的怀疑，打破了资本主义是一个神圣不可侵犯的永恒王国的神话。在哲学方面，18 世纪下半叶至 19 世纪的 30 年代是德国古典哲学向胜利进军的年代。康德是德国古典哲学中最早的辩证法大师，而黑格尔则是德国古典哲学中辩证法的集大成者。黑格尔的庞大哲学体系在唯心主义的基础上展现了整个世界辩证发展的图景。黑格尔的学说曾经风靡一时，很多哲学家曾经集结在黑格尔的旗帜下，但是由于黑格尔哲学的不可克服的矛盾，导致了黑格尔学派的解体。从黑格尔的信徒中分化出了一些黑格尔学说的批判者，费尔巴哈就是其中的佼佼者。黑格尔的辩证法和费尔巴哈的唯物主义对于马克思主义的形成有很大影响，是马克思主义哲学的直接来源。以上所有这些社会科学的成就，对于崭新世界观的形成都起过相当重要的作用。

哲学作为自然知识和社会知识的总结和概括，是整个时代的智慧的结晶，马克思主义哲学正是这样一种智慧的结晶，是当时的时代精神的精华。马克思主义哲学产生在这样一个历史时代，自然科学的成就已经能够用确实可靠的知识为人们描绘出关于自然界发展的全貌，无产阶级的革命实践和社会科学的成果，则能够使人们从纷繁错综的历史现象中理出一条发展的线索；人们已经有可能在多少世代的智慧积累的基础上，在新的社会实践和科学成果的基础上，认清自然界、社会、人类思维的最一般发展规律。而这样的规律果真被发现出来了。

（二）马克思主义哲学及其特点

马克思主义哲学即辩证唯物主义和历史唯物主义，其基本观点是：世界是物质的；精神现象是物质的派生物并反映着物质；物质世界处在不断的运动、变化中；作为物质的反映的人的认识也处在运动、变化中；认识的源泉、认识发展的基础是实践，检验真理的标准也是实践；物质的总体是无始无终的，但物质存在的每一具体形态是有始有终的，即有它的产生、发展和灭亡的历史；物质的运动有一定的规律，每一种具体的物质运动形态有其固有的特殊规律，各类物质运动形态又有共同的一般规律；和自然现象一样，人类社会也有其客观的发展规律；在社会发展中同样不是精神的因素决定物质的因素，而是物质的因素决定精神的因素，不是社会意识决定社会存在，而是社会存在决定社会意识；社会发展的最根本的物质动因是生产方式的变革，这种变革引起社会的一系列其他变革，使社会从一种形态过渡到另一种形态。

马克思主义哲学的产生是哲学上的革命

变革。马克思主义哲学比起以往的哲学有着鲜明的特点，这些特点使得马克思主义哲学在哲学史上开辟了一个新的时代。

和以往的哲学不同，马克思主义哲学充满了革命批判精神，这种精神植根于马克思主义哲学的理论本身，植根于马克思主义辩证法即唯物辩证法。唯物辩证法是马克思主义哲学中的一个重要部分。唯物辩证法的一个根本思想，就是认为“世界不是一成不变的**事物**的集合体，而是**过程**的集合体，其中各个似乎稳定的事物以及它们在我们头脑中的思想映象即概念，都处在生成和灭亡的不断变化中，在这种变化中，前进的发展，不管一切表面的偶然性，也不管一切暂时的倒退，终究会给自己开辟出道路”（《马克思恩格斯选集》第4卷，第240页）。在唯物辩证法的面前，不存在任何最终的、绝对的、神圣的东西，它指出所有一切事物的暂时性。这一理论不但冲破了多少年来有很大影响的形而上学观点的束缚，而且也摆脱了各种唯心辩证法特别是黑格尔的唯心辩证法的局限。马克思主义辩证法和黑格尔辩证法的根本不同点，不仅在于前者的根基是唯物主义，后者的根基是唯心主义，而且在于前者的辩证法是彻底的，它推翻了一切关于最终的绝对真理和与之相应的人类绝对状态的想法，而后者的辩证法是不彻底的，它保留了对某种绝对状态的承认。黑格尔的辩证法是一种半途而废的辩证法，他所说的绝对理念的发展不是一个无限向上的发展过程，不是一个螺旋式上升的无限的圆圈，而是某种封闭的体系。承认不承认一切哲学，包括自己的哲学在内，都不是终极真理，而只是为真理开辟了道路；承认不承认自己的理论和学说需要发展：这是马克思主义哲学同黑格尔哲学的一个原则区别。黑格尔哲学虽然对辩证法的论述闪耀着智慧的光芒，并且对马克思主义哲学的形成产生过重要影响，但是黑格尔哲学在本质上不能说是革命的、批判的。他的辩证法的本质上是革命的精神，常常受到保守的黑格尔体系的窒息。而马克思主义哲学则是革命的、批判的哲学，它不但以革命的、批判的精神对待一切客观事物，同时也以这种精神对待一切理论和学说，包括马克思主义哲学自身。正是基于这种革命的、批判的精神，马克思、恩格斯一生反对因循守旧、墨守陈规，反对对一切已丧失生命力的旧事物采取妥协态度，在变革已成为必要时，竭力支持这种变革。也正是基于这种革命的、批判的精神，马克思、恩格斯一生反对把自己的学说当作僵死的教条，并不止一次地指出，他们的理论是发展的理论，而不是必须背得烂熟并机械地加以重复的条文。没有发展，没有创新，就会使马克思主义哲学失去它的生命力，失去它的最有价值的革命批判精神。历史上有多少自命为终极真理、自诩为绝对体系的哲学已经是过眼烟云，成了历史的陈迹，而唯独马克思主义哲学至今仍保持其革命的青春。历史的辩证法恰恰是：越是害怕承认发展、创新，一味自我满足、自我封闭的哲学就越没有生命力，而那种敢于以革命的、批判的精神对待各种事物，对待自己，从不满足，自强不息的哲学才具有真正的生命力，而且这种生命力可以经久不衰，传之永恒。

和以往的哲学不同，马克思主义哲学不只是一种解释世界的哲学，而且是一种改造世界的哲学。马克思说："必然会出现这样的时代：那时哲学不仅从内部即就其内容来说，而且从外部即就其表现来说，都要和自己时代的现实世界接触并相互作用。”（《马克思恩格斯全集》第1卷，第121页）马克思主义哲学正是这样一种哲学。它特别强调实践的作用，这一点在它的认识论中表现得最为明显。马克思主义哲学在哲学史上第一次把关于实践的科学概念引进认识论的范畴，从而使它的认识论区别于以往任何一种认识论。这种以实践为基石的认识论固然同唯心主义的认识论根本相对立，就是同旧唯物主义的认识论即机械的、被动的反映论也存在着原则差别。马克思主义的认识论是一种革命的、能动的反映论。马克思主义认为，人的认识是实践的产物，一点也不能离开实践，实践是联结主体和客体的根本环节，是人从主观的观念，经过实践，走向客观真理这一认识过程中的根本环节。所谓实践就是人类为了自己的生存和发展所进行的改造客观世界的活动，它首先是指人的生产活动，也包括人在社会关系方面的活动，在阶级社会中包括阶级斗争的活动；除此之外，还包括人类改造客观世界的其他一些活动。人们正是通过实践活动认识了世界，又以这种认识指导人的实践活动。如此循环往复，以至无穷。在这个过程中既推动了实践，又发展了认识。这里体现出马克思主义哲学的认识世界和改造世界的统一性，这是马克思主义认识论中一个极其深刻的思想。以往的唯物主义没有看到实践这个根本环节，没有看到人类认识世界和改造世界的统一性，因此就把十分复杂的认识过程简单化了，认为认识就是主体对于客体的一种消极的、被动的反映。这种反映论把认识归结为一种直观，看不到认识是随着实践的深化而不断深化的过程，看不到认识是从生动的直观上升到抽象的思维，形成理性认识，又从理性认识回到实践，指导实践，接受实践检验的具有丰富内容的发展过程。抽去了辩证法的反映论，就成了一种非常简单、毫无生气的反映论。实践是检验真理的标准和原理，在马克思主义认识论中占有一个突出地位。马克思主义哲学认为，凡经实践证明是符合客观事物及其规律的即为真理，不符合客观事物及其规律的即为谬误。一种真理一旦形成，也不是一成不变的，随着时间的推移，它也可能向错误转化。要使这种真理永葆青春，就要随着实践的深入，不断用新的经验、新的知识来加以修正、丰富和发展。马克思主义摒弃关于终极真理这一类形而上学的提法，认为真理是一个过程。从实践经验中吸取丰富的养料，从实践的结果中不断证实、纠正和发展自己的理论，这就是马克思主义哲学特别是它的认识论的一大特色。从马克思主义的创始人马克思、恩格斯到它的伟大的继承者列宁，到国际共产主义运动中许多马克思主义者，包括以毛泽东为代表的中国共产党人，都信守马克思主义哲学的这一基本原则，把马克思主义包括它的哲学同本国的革命实践结合起来，用本国革命实践的经验丰富和发展马克思主义理论，同时又以马克思主义的理论为指导，促进本国革命实践的发展。正是由于和实践的紧密结合，并不断吸收新的科学成果，所以马克思主义哲学在产生以来的 100 多年中，一直在发挥着它的战斗作用；在新的历史条件下，它不但没有失去自己的光辉，反而闪耀着更加夺目的异彩。

和以往的哲学不同，马克思主义哲学不仅在自然观上坚持唯物主义，而且在历史观上也坚持唯物主义。它坚持了唯物主义的一元论，把唯心主义从最后一个避难所驱逐了出去。在马克思主义产生以前，所有的哲学家（包括唯物主义哲学家在内）、历史学家、经济学家、文学家、法学家等等，归根结底，都是历史唯心主义者。他们或者用天命、神意等等来解释王朝的兴替、历史的变迁；或者用个人的意志、特别是英雄人物的意志来说明种种历史现象。除此以外，也有不少人认为历史本身无规律可循，完全是一堆偶然因素在起作用。这些观点尽管有这样那样的区别，但有一点相同，这就是不承认社会的运动是一个客观的物质运动，不承认在历史的领域有着不依人的意志为转移的客观规律。

造成这种唯心史观的原因很复杂。一方

面是因为这些学者具有阶级的局限性，他们的立场影响他们去正确认识历史现象；另一方面还由于历史现象本身存在着自己的特点，这些特点容易使人们在认识上造成失误。自然现象虽在一定范围内也受到人的影响，但总起来说，在自然的演变中盲目的力量起着很大的作用。但是社会历史现象则不同，社会的发展、历史的演变离不开人的参与，而人的活动又都是有意识、有目的的。翻开历史，哪一页上没有记载着人的活动？历史舞台上哪一幕威武雄壮的戏剧不是由人来主演的？表面上看，有意识、有目的的人参加历史活动和历史具有不依赖于人的意志的客观规律，这两个命题之间似乎发生了不可调和的矛盾。在马克思之前，有的哲学家已经接触到了这个问题，但是他们没能解决它。例如黑格尔在《历史哲学》中曾经指出，在世界历史中，人类的行为往往会得出同他们原来所希求的不同的结果。但是他站在唯心主义的立场上对这种现象作出错误的解释，他认为其所以这样，是因为在意识着的、思维着的活动者——人的上面有一种普遍精神在起作用。当人们抱着自己的目的进行的活动同普遍精神发生矛盾时，就会出现始料不及的后果。在黑格尔看来，在历史上归根结底起作用的、作为个人意识背后的动力的是普遍精神。黑格尔也谈历史的必然，不过在他那里，历史的必然和普遍精神是同义语，适应历史潮流也就是适应普遍精神。马克思主义则认为，历史固然是有人参与的，人的活动固然是有意识、有目的的，但是人的有意识、有目的的活动受到他所生活的环境、他那个时代的条件的限制。当黑格尔说到人的行为的结果往往和他们的预想不同，并猜到了有一种历史的必然存在时，他是正确的，但他把这种情形归结为普遍精神的作用，把历史的必然归结为一种精神的因素则是错误的。18 世纪的法国唯物主义者也提出过人的行为受人们生活的环境制约的命题，可惜他们把这种环境主要归结为教育和立法，仍然没有摆脱把一种精神因素当作决定历史发展动力的唯心史观的窠臼。马克思主义所说的环境，不是教育、立法这一类环境，这一类环境是派生的，并且在历史发展过程中不起决定作用。马克思主义所说的环境，首先是指人类赖以生存和发展的社会物质生活条件。把社会物质生活条件当作社会发展中的决定性因素，当作决定各种精神现象的根本动力，是历史唯物主义的一个基本观点。恩格斯对历史唯物主义的这个基本观点曾作了简明浅显的阐述，他说：“一切历史现象都可以用最简单的方法来说明，而每一历史时期的观念和思想也同样可以极其简单地由这一时期的生活的经济条件以及由这些条件决定的社会关系和政治关系来说明。历史破天荒第一次被安置在它的真正基础上；一个很明显而以前完全被人忽略的事实，即人们首先必须吃、喝、住、穿，就是说首先必须**劳动**，然后才能争取统治，从事政治、宗教和哲学等等。”（《马克思恩格斯选集》第3卷，第41页）以往的哲学（包括唯物主义哲学）认为，在历史领域中起作用的精神动力是最终原因，而不去研究隐藏在这些动力后面的是什么，这些动力的动力是什么。马克思主义哲学则把它发现出来了。马克思主义哲学认为，人类社会的复杂演变归根结底可以从生产方式及其内部的矛盾中找到它的原因，而在阶级社会里，作为生产方式的矛盾表现的阶级斗争则是历史发展的直接动力。

马克思主义历史观的意义，不仅在于它把唯心主义从历史领域驱逐了出去，使唯物主义得到了前所未有的贯彻，它的意义还在于，从此在历史的领域内也和在自然的领域内一样，人们在表面上是偶然性起作用的地方，发现了内部隐蔽着的客观规律，这就为无产阶级和广大人民的自觉创造历史的活动提供了强有力的思想武器，为科学社会主义、共产主义提供了历史观的基础。这种关于历史发展的科学理论，它的某些细节可能会陈旧，但它所揭示的历史的必然，它所阐明的人类社会的发展趋势却永远是颠扑不破的真理。

马克思主义哲学的创立，完成了哲学上

的革命变革，但它并没有结束哲学的发展，相反在更高的基础上为哲学的发展开辟了广阔的道路。随着科学的发展，随着无产阶级斗争的发展，随着社会主义建设的发展，马克思主义哲学本身不断得到丰富，不断向前发展。

四、现时代的哲学

马克思主义哲学的产生宣告了旧的哲学时代的终结，新的哲学时代的开始。这个时代的基本特点是，作为一门新兴的哲学，作为一种正确的世界观的理论体系，马克思主义哲学始终保持着旺盛的生命力。西方资产阶级哲学虽然学派林立、学说纷呈，但缺乏开拓精神，已无力写出新的历史篇章；亚洲、非洲、拉丁美洲的一些发展中国家迎来了民族主义哲学发展的新时期。

（一）马克思主义哲学的运用和发展

马克思主义哲学一开始就不是一种单纯的学理，而是同无产阶级的革命实践紧密相联系的，它产生以后的100多年的历史，是同无产阶级的革命运动相结合并取得光辉胜利的历史。这种胜利的第一个突出表现，是在世界上一个幅员最广阔的国家——俄国指导无产阶级取得了革命的胜利，建立起世界上第一个社会主义国家。无产阶级的革命领袖和导师列宁把马克思主义的哲学运用到俄国的具体历史条件下，用俄国无产阶级革命实践的经验丰富了马克思主义哲学，既推动了俄国革命的实践，又创造性地发展了马克思主义哲学。列宁对辩证唯物主义的认识论、对唯物辩证法、对历史唯物主义的一系列原理都作过深刻的论述，有许多创造性的发挥。他写下了《唯物主义和经验批判主义》、《哲学笔记》、《国家与革命》等光辉的哲学论著，把马克思主义哲学推向一个新的阶段。但列宁对马克思主义哲学的最突出的贡献在于，他和他的战友一起把马克思主义的普遍原理同俄国的革命实践相结合，找到了一条俄国无产阶级进行社会主义革命和社会主义建设的正确道路，并为全世界无产阶级提供了有益的经验。

马克思主义哲学和无产阶级革命运动相结合取得胜利的第二个突出表现是中国革命的胜利。以毛泽东为代表的中国共产党人，运用马克思主义哲学这个武器，分析了中国特殊的社会性质和历史条件，找到了一条适合中国国情的革命和建设道路，使中国的社会面貌发生了根本改变。在一个半殖民地、半封建的东方大国进行革命，必然会遇到许多特殊的复杂问题。比如，首先要解决革命的对象、革命的动力问题，也就是首先要分清敌、我、友。在中国，由于社会性质和西欧各国不同，革命的性质也相应地有所不同。在这里，革命的对象和动力，革命的敌、我、友就有着和西欧各国截然不同的情况。再如，在中国，由于工业无产阶级的力量很薄弱，中国的大城市完全掌握在帝国主义、封建阶级和官僚资产阶级及其政治代理人的手里，因此，通过中心城市暴动引起革命高涨这种典型的西欧革命的方式就不适用。中国的革命不能不从自己的实际情况出发，另辟蹊径，以农村作为自己的基本阵地。农村包围城市这一中国民主革命的特殊道路、特殊形式就是这样形成的。又如，当时中国的许多矛盾互相交错，形成一种错综复杂的局面，既有帝国主义、封建阶级、官僚资产阶级和人民大众的矛盾，又有民族资产阶级同无产阶级的矛盾。对这些矛盾必须按照不同情况，按照矛盾的特殊性加以区分。能否把握民族资产阶级的两重性是一个关系到革命全局的根本问题。民族资产阶级作为剥削阶级，同帝国主义、封建主义、官僚资本主义有着千丝万缕的联系，并同中国革命的领导阶级——无产阶级有尖锐的矛盾。但民族资产阶级又受三座大山的压迫，同劳动人民有一定的共同利益。民族资产阶级的这种两重性，决定了它对中国革命的态度与官僚资产阶级不同，它有参加革命的可能性，但同时又有严重的动摇性；无产阶级应当团结它参加革命，但又要对它的动摇性保持高度警惕，要防止它扰乱革命的阵脚，特别是要防止它夺取革命的领导权。这些问题在马克思列宁主义的著作中没有现成的答案可寻，也没有现成的外国经验可资借鉴，只能靠自己运用马克思列宁主义的立场、观点、方法去分析中国的具体情况，去不断总结革命实践的经验，包括正反两个方面的经验。以毛泽东为代表的中国共产党人，正是通过长期实践，反复总结，形成了一整套自己独创性的经验，找到了夺取中国革命胜利的正确道路，并在此基础上形成了具有自己特色的马克思主义哲学——毛泽东哲学思想。中国革命要求从中国的国情出发解决革命所面临的一系列问题，这在哲学上的反映就是要求遵照辩证唯物主义和历史唯物主义的原理，从中国的具体情况出发，正确地分析中国社会特有的矛盾。毛泽东哲学思想正是这样一种以马克思主义为指导的、又完全植根于中国土地上的哲学。毛泽东哲学思想的精髓是实事求是，一切从实际出发；是充分地把握矛盾的特殊性，对具体矛盾进行具体分析。毛泽东的《反对本本主义》、《实践论》、《矛盾论》、《人的正确思想是从那里来的？》等专门哲学论著以及《中国革命战争的战略问题》、《论持久战》、《新民主主义论》、《论人民民主专政》、《关于正确处理人民内部矛盾的问题》等军事、政治论著，都贯穿了上述毛泽东哲学思想的精髓。

马克思主义哲学始终同无产阶级的革命实践共命运。由于种种复杂的原因，在全世界范围内无产阶级的革命实践经历了若干曲折，马克思主义包括它的哲学，不断面临着新的考验。当前，许多国家的无产阶级

（包括已经取得政权的和没有取得政权的）都在认真总结经验，从过去的曲折中吸取教训，以便使自己的认识更加符合实际，更加适合本国的国情。中国共产党人从中共十一届三中全会以后，解放思想，立志改革，正在摆脱僵化的思想模式和教条主义的理论模式，摸索一条具有中国特色的社会主义建设道路。可以预期，随着全世界无产阶级实践的更加健康发展，马克思主义的理论包括它的哲学也一定会出现一个更加璀璨光明的明天。

西方某些资产阶级哲学家出于偏见，断言马克思主义哲学已经过时，这是毫无根据的。但是，马克思主义哲学要想永葆自己的青春，使自己永远成为时代精神的精华，就必须用新的实践经验和科学成果进一步丰富和发展自己。当前，马克思主义哲学面临着许多新的问题。资本主义国家的无产阶级究竟怎样在社会矛盾暂时缓和、革命形势普遍缺乏的新情况下不断开拓前进？社会主义国家的工人阶级究竟怎样才能建立起一种真正高效率的体制，取得社会主义物质文明和精神文明建设的更大成绩？发展中国家的无产阶级究竟怎样才能摆脱封建主义、帝国主义、殖民主义的影响，赢得彻底的民族解放和社会进步？这些都是无产阶级革命实践中存在的问题，需要马克思主义从哲学上作出回答。此外，20 世纪七八十年代以来自然科学的迅猛发展，也不能不引起马克思主义者的充分注意。马克思主义哲学是在概括了包括自然科学成果在内的基础上形成和发展的。马克思主义者从来重视吸收自然科学的新成果用来丰富和充实自己的哲学。当代自然科学的发展，加深了人们对许多哲学问题的新认识：相对论揭示了时间、空间、物质和运动之间的不可分割性；基本相互作用力的统一理论预示着物质世界更大范围的内在统一性；分子生物学、分子遗传学的新成就大大丰富了人们对生命本质的认识内容。这一切展示了物质世界普遍联系和运动发展的生动画面。同时，当代自然科学也提出了不少值得深入探讨的新的哲学问题。量子力学中微观体系的性质与观察仪器的相互作用虽然并没有否定唯物主义关于物质客体实在性的论断，但它要求人们具体深化对客观实在以及主客体之间相互关系的认识；量子力学和非平衡态热力学等所揭示的因果性，无疑地否定了机械因果决定论，但同时也要求人们对几率因果性、随机性的本质作出正确的哲学解释；夸克禁闭、定域隐变量理论、大爆炸宇宙学中关于物质无限可分或不可无限分割、关于定域实在论、关于宇宙起源、时间和空间有限无限等问题的争论，都向马克思主义哲学提出了新的研究课题。关于系统论、控制论和信息论所提出的哲学问题，关于以生物工程、材料科学和计算机技术为标志的新技术革命所带来的社会影响和社会后果，也需要马克思主义哲学去进行探讨。这些探讨既能丰富和发展马克思主义哲学，反过来又能推动这些学科和技术革命的 发展。

（二）现代西方哲学

现代西方资产阶级哲学经历了一个复杂的演变过程。这一过程大致可分为三个阶段：第一阶段从 19 世纪中叶以后到 20 世纪初；第二阶段从第一次世界大战前至第二次世界大战结束；第三阶段从第二次世界大战以后直到现在。在这三个阶段中虽然哲学流派纷繁复杂，学说内容各自不同，但总的说来没有多少新的发展。如果我们把现代资产阶级哲学同古典的资产阶级哲学作一比较，就可以清楚地看到两者之间的巨大差别。古典的资产阶级哲学所反映的时代是资本主义上升时期，那时的资产阶级代表着一种先进力量和进步趋势，他们充满自信，富有积极进取和乐观的精神。在哲学和其他理论形式上，他们强调知识，诉诸理性。“知识就是力量”，建立“理性的王国”，这两个脍炙人口的口号体现了当时的资产阶级对知识和理性的尊崇。对知识和理性的尊崇，正是新兴资产阶级反对蒙昧的、非理性的封建社会及其意识形态的一种表现，同时也表现出新兴资产阶级的自信心，因为他们相信真理在自己一边，不害怕把真理发现和揭示出来，而知识和理性正是科学地认识客观世界、发现和揭示真理的手段。但是，随着资本主义社会的衰落，资产阶级的进取精神和自信心日益减弱，他们千方百计地想维护已经显现出重重矛盾的资本主义制度，但又感到心劳日拙，他们日益丧失面向现实、面向真理的勇气。这种情况不能不在他们的哲学中有所反映。

和古典的资产阶级哲学强调知识、重视理性不同，现代资产阶级哲学的某些流派表现出一种否定知识、蔑视理性的倾向，宣扬非理性主义。非理性主义有两种表现：一是同宗教合流，宣扬宗教神秘主义；一是向理性挑战，反对对客观世界的科学认识，颂扬神秘的直觉、内省、意志甚至下意识，否定哲学的认识作用，强调哲学无非是个人的感受和体验的产物，是个人意志的表现。属于前一种形式的反理性主义流派有新托马斯主义，这是中世纪的托马斯·阿奎那哲学在新的历史条件下的复活；还有人格主义，这是一种把上帝作为最高人格来宣扬的新神学。属于后一种形式的反理性主义流派有唯意志论、生命哲学、现象学和存在主义等。唯意志论的主要代表是A.叔本华和F.W.尼采。他们主张意志高于理性，意志是宇宙的本质，它可以支配一切。尼采认为，必须否定受理性主义、基督教和人道主义的影响而日趋没落的西方文明，而“重新估定一切价值”，创造新价值。唯意志论者把尊崇理性的欧洲哲学传统看成是一种弊端，他们要从非理性主义方面谋求出路。生命哲学的代表是 W. 狄尔泰和 H. 柏格森。这一派哲学的特点是把生命现象神秘化，认为认识生命现象只能靠直觉。柏格森宣称，“生命的冲动”就是“绵延”，也就是“真正的时间”，它是唯一的实在。“绵延”是自由创造的意志，生物的进化过程也就是意志的创造过程，而物质则是“绵延”停滞或削弱的结果。柏格森认为，不能靠理性而只能靠直觉来认识实在或“绵延”，直觉即创造，直觉的境界就是与上帝合而为一的境界。所以他的哲学又称“直觉主义”。现象学的主要代表是 E. 胡塞尔，他宣称现象学的研究对象是“纯粹意识”，所谓“纯粹意识”是指把空间和时间抽去，把经验的成分清洗掉后的意识。“纯粹意识”是靠直观来把握的，直观是最先产生的认识活动，其他的认识活动都是以直观为根据和建立在直观之上的，这种直观和理性、理论思维无关，和任何思辨的研究无关。存在主义的先驱是丹麦哲学家 S. 克尔凯郭尔，主要代表是 M. 海德格尔、K. 雅斯贝尔斯、J.-P. 萨特和 M. 梅洛－庞蒂等。存在主义的基本命题之一是“存在先于本质”，它宣称以往的哲学往往企图从本质推出存在，而本质不外是某种概念、思想。因此，从本质推出存在，也就是从理性推出存在，这正是理性主义的实质，是不足取的。存在主义者所说的存在实际上是作为意志或行动的主体的存在，而主体的意志和行动又被某些哲学家赋予绝对自由的性质。因此，在这些哲学家的眼里，所谓存在无非是人的自我选择、自我决定的意志，是人的主观精神的无限自我创造。存在既被赋予这样一种含义，它当然不能被理性所把握，而只能靠神秘的直觉、内省而“顿悟”。存在主义特别是萨特的哲学对资本主义社会有一定的揭露和批判，并且由于它宣传了自由、人的自我选择以及在资本主义社会中人处在时时感到孤寂恐惧的异化状态等等，因此它在知识分子尤其是青年学生中有不小的影响，但它的本体论和认识论是非理性主义的，是缺乏科学根据的。唯意志论、生命哲学、现象学、存在主义等流派的具体内容很不相同，但它们轻视理性，强调个人的意志、直觉、感受、内省，在这一点上又是相似的。有的非理性主义哲学家认为，以往的古典的、理性主义的哲学有一个缺陷，就是只注重探讨理性同世界的关系，而把人的感受、情绪、心理、意志等放在视野之外，而他们要克服这种哲学的弊端，把一切同个人相联系的精神因素当作哲学的主要对象；要求哲学不仅应探讨理性同世界的关系，而且也应当研究个人的感受、情绪、心理、意志等精神现象。这种要求不能说不合理，但上述流派的非理性主义，只能使人们堕入神秘主义的迷雾，把人们的认识引向歧途。

现代资产阶级哲学的一些流派热衷于探讨数学、逻辑学、科学方法等方面的问题，而对于哲学的世界观内容表现出相当的漠视。造成这种情形的社会背景是：当代资本主义社会一方面存在着深刻的社会危机，另一方面在自然科学领域又获得巨大的进步。面对着矛盾重重的社会现象，一些资产阶级哲学家束手无策，他们在理论观点上厌恶纯思辨哲学，认为这种哲学根本不能解决问题，而自然科学的发展又给他们带来新的希望，使他们在这里找到了自己的精神寄托。因此，他们把自己的注意力从世界观方面转向科学方面，一种被称为唯科学主义的流派和运动便应运而生。这种流派的产生除上述社会背景外，也和现代自然科学的某些特点有关。新兴科学的飞速发展，科学内部分工的日益细密和专门化，数学和数理逻辑的广泛运用，对物质结构的愈来愈深入的研究，愈来愈重视理论的模式和结构的作用等等，都要求不但对实证科学的具体内容而且要求对各门科学的共同问题，特别是科学的方法论问题进行专门研究。唯科学主义的产生从一个侧面反映了自然科学面临的新情况。在唯科学主义的流派中，长期发生影响的是各种形式的实证主义。以 A. 孔德为代表的早期实证主义的主要观点认为，哲学应以“实证的”、“确实的”事实为依据，企图通过使哲学实证科学化的途径来回避哲学基本问题，把传统的世界观问题排除出哲学之外。随着自然科学的进一步发展，尤其是非欧几里得几何、相对论和量子力学的诞生，传统的思维方式受到了很大的冲击。从量的角度而不是从质的角度解释现象的描述性的科学所取得的新成就，使得一些哲学家把数学的方法、数理逻辑的方法看成是自然科学中最重要的方法，而且认为它们也应当是哲学的主要方法。有的哲学家甚至认为哲学的数学化、逻辑化才是哲学的出路。在主张哲学逻辑化的哲学家中还出现了一种强调语词分析的倾向。这种把逻辑分析、语词分析当作哲学中心内容的流派就是新实证主义，或者在更加广泛的意义上说就是分析哲学。

分析哲学形成于20世纪初，创始人和早期的代表人物有G. 弗雷格、B. A. W. 罗素、G. E. 摩尔和L. 维特根斯坦等。其中罗素和维特根斯坦的影响较大。罗素强调要把形式分析或逻辑分析看作哲学固有的方法，并加以广泛运用。所谓形式分析或逻辑分析，是指从纯粹逻辑的观点去考察语言和现实中显现出来的各种组织形式，考察语言和现实的最终结构。他主张以现代数理逻辑为手段，创造理想的人工语言，以保证命题的句法形式与它的逻辑形式相一致。他还提出了对后来分析哲学的发展具有重大影响的类型理论和摹状词理论。维特根斯坦的理论在早期和后期有变化，他的逻辑原子论、图像论、真值函项论等早期思想，对逻辑经验主义的影响很大，而他的语言游戏论、工具论等后期思想，对日常语言哲学发生过重大影响。到 20 世纪 20 年代中叶，分析哲学中出现了一大支派——逻辑经验主义，又名逻辑实证主义。它的核心是维也纳学派，代表人物为 M. 石里克和 R. 卡尔纳普等。第二次世界大战前夕，它的中心从维也纳移到美国。由于受美国实用主义的影响，逻辑实证主义开始解体，形成了一些支派。逻辑实证主义以所谓传播和发扬科学世界观、创造现代经验主义的精神工具为自己的宗旨。这一派的哲学家都是否认、排斥哲学问题的。石里克认为，历史上多种哲学体系众说纷纭，造成了混乱，对待这种哲学采取沉默的怀疑是唯一恰当的态度，各种哲学体系之间的无谓争论应当成为过去。卡尔纳普认为，全部哲学都是无意义的，因为有意义的哲学的陈述是不可能有的，哲学为自己规定了一个不能实现的任务，这就是发现和表述一种同经验科学不相干的知识。逻辑实证主义利用 20 世纪以来数学特别是数理逻辑的新成果，把一切知识都归结为可以用数理逻辑表示的命题，并规定哲学的任务在于对一切以经验内容为素材的科学命题进行逻辑结构分析。逻辑实证主义要求语言的明晰性和无歧义性，命题推导的严密的合逻辑性，这是正确的，是符合科学和哲学思维的要求的，但它取消哲学的世界观意义，把哲学消融于逻辑当中，或者说用逻辑来代替哲学，则是错误的。第二次世界大战前后，在分析哲学中又出现了一个日常语言学派。代表人物除 J. T. D. 威斯顿是剑桥大学教授外，其他如 G. 赖尔、J. 奥斯汀、P. F. 斯特劳森等都是牛津大学的教授，故这一学派亦称牛津学派。逻辑实证主义者经常抱怨自然语言的概念模糊不清，不适宜作为精确思维的手段。和逻辑实证主义不同，日常语言学派的哲学家们则强调自然语言中概念的丰富性以及概念之间的细微区别，强调概念能够完成多种多样的功能，可以充分满足使用者的不同需要。这种观点有其合理因素，但这一派的哲学家过分夸大语言分析的作用，认为这种分析即使不是哲学研究的最终目标，至少也是哲学研究的起点。如果说逻辑实证主义把哲学归结为逻辑分析，则日常语言学派把哲学归结为语言分析，同样是否定了哲学的世界观意义。

在唯科学主义中，科学哲学也有较大影响，科学哲学家否认科学哲学是一个流派，而认为它是一个运动。它的代表人物是 K. R. 波普尔、T. S. 库恩和拉卡托斯等。他们的学说、观点不尽相同，但是又有一致的地方，这就是：反对逻辑实证主义只对科学理论作静态的逻辑分析，不关心对科学知识成长问题的探讨；反对科学知识的累积观，主张科学经由革命而进步，主张对科学作动态的历史的分析。波普尔否定归纳法，强调科学始于问题，而不是源于观察实验。他认为科学方法不是证实，而是证伪。他用科学理论的可证伪性来代替逻辑实证主义的可证实性原则。在波普尔看来，科学的发展是由问题开始，接着提出猜测性的假说，随后用实验检验，力图证伪它，然后又出现新的问题，科学就是这样以“不断革命”的方式发展的。波普尔的这种观点虽包含某些辩证法因素，但他过分强调证伪，全盘否定证实的作用，具有很大的片面性。库恩以科学发展的阶段论代替波普尔的科学知识成长的“不断革命”论。他把科学的发展分成两个阶段：常规科学时期和科学革命时期。在他的科学哲学中，“范式”概念占有中心地位。常规时期是范式扩展的时期，革命时期则是范式更替的时期。在常规时期，具有同一范式的科学共同体从事解难题活动，在这过程中，往往会出现同范式相冲突的反常现象；反常积累的结果引起危机，从而导致科学革命，旧范式为新范式所代替。他认为，新旧范式之间是不可通约的，不同范式的科学家以不同的方式看世界；范式的选择，主要由科学家的社会心理因素决定。因而，他否认科学的进步是向真理接近，导致了科学哲学中的非理性主义和相对主义。拉卡托斯在综合波普尔和库恩观点的基础上，提出了科学研究纲领方法论，阐明了科学发展的合理性问题。以 D. 夏皮尔和 L. 劳丹为代表的科学哲学新历史学派既批判了逻辑实证主义的静态逻辑分析，又反对库恩等人的非理性主义和相对主义，用不同观点阐发了科学发展的合理性问题，表现出科学哲学中科学实在论或实用主义的倾向。

唯科学主义吸收了数学、自然科学中的许多成果，有其合理的方面，其中的某些积极因素应当为马克思主义哲学所吸取和借鉴。但这种流派有其不可克服的矛盾，它想冲破传统哲学的某些框框，结果走到了否认哲学的世界观意义即否认哲学自身的极端。虽然波普尔和库恩以后的科学哲学家已经注意到了哲学世界观对科学的意义，但由于他们缺乏历史唯物主义观点，仍然无法摆脱这种局限性。唯科学主义未能为现代资产阶级哲学开拓出一条新路。

现代西方资产阶级哲学还有一些流派竭力混淆马克思主义哲学同资产阶级哲学的界限，尽量寻找它们之间的所谓“结合点”，用以歪曲马克思主义哲学的性质。由于马克思主义在社会生活中和精神文化中愈益显示出它的威力，迫使资产阶级不得不竭力遏制马克思主义的影响和作用。但是今天，马克思主义在全世界的意识形态中已是一个举足轻重的力量，在这种条件下，一味地公开敌视马克思主义，并不能达到他们的预期目的。因此，在现代资产阶级哲学中，除了仍然存在着公然敌视马克思主义的流派以外，还出现了这样一些流派，它们声称自己不反对马克思主义，只是要对马克思主义进行某种“补充”、“改进”，以期马克思主义能够日益完善，能够适应新的形势。它们对马克思主义的“补充”和“改进”，就是要把马克思主义同别的哲学合二为一，实行“综合”。于是马克思主义和存在主义的综合、马克思主义和现象学的综合、马克思主义和弗洛伊德主义的综合等等风靡一时。形形色色的被称为西方马克思主义的流派就是这样主张的。这种西方马克思主义，由于打着同情马克思主义的旗号，具有一定的迷惑性和欺骗性。它的根本目的，是要通过种种的所谓综合，用资产阶级的哲学来对马克思主义哲学进行改造，使之成为合乎资产阶级需要的意识形态。在当代西方马克思主义中，法兰克福学派是一个影响很大的流派。这个流派的主要代表人物有 M. 霍克海默、H. 马尔库塞、E. 弗罗姆、T. W. 阿多尔诺、J. 哈贝马斯等。法兰克福学派对资本主义社会表示了一定的不满，认为这种社会存在着不合理性。在有的哲学家看来，在资本主义社会中，人发生了异化，成了商品和科学技术的奴隶，这种异化了的人看不到自己的价值和力量，因而产生了一种倦怠感、自我冷淡感，这样的人已不成其为人，而成了没有思想、没有感情的机器。马尔库塞把这种异化了的人称作“一维的人”，他的一本代表作就是以此命名的。弗罗姆则把人的这种异化状态称作“精神分裂的自我异化”。出路何在呢？人怎样才能摆脱这种异化状态呢？马尔库塞主张进行斗争，只不过这种斗争不是阶级斗争，而是“人的斗争”，也就是人为了实现自己的意志所进行的斗争。这种观点很明显地受了存在主义的影响。弗罗姆十分推崇 S. 弗洛伊德的学说，强调从心理上谋求人的平衡。他认为，只有通过心理革命使人达到精神净化，才能摆脱人的异化状况。哈贝马斯在德国社会学家M. 韦伯的影响下，提出一个所谓理性化的改革方案，认为一旦社会从对物的重视转向对人的重视，一个理性化的社会就会实现，不必一定追求社会制度的改变。可以看出，法兰克福学派对资本主义社会虽有一定的揭露和批判，但它的理论是把马克思的早期著作特别是其中的异化观点同存在主义、弗洛伊德主义、韦伯的社会学糅合在一起。尽管它打着马克思主义的旗号，自诩是“新马克思主义”，其实它对马克思主义谈不上有什么补充，更谈不上有什么发展。

马克思主义哲学认为，正如对待历史上的唯心主义不能简单化一样，对待各种流派的现代资产阶级哲学也应当采取科学分析的态度。现代资产阶级哲学在总体上虽是错误的，但在局部问题上有合理因素，它对某些问题的结论虽是不正确的，但提出这些问题本身却有一定意义，如哲学应当研究个人的情绪、感受、心理、意志的问题，哲学应当探讨各门科学共同的方法论，哲学应当吸取数学和自然科学的成果，哲学应当研究所谓“后工业社会”中科学技术的发展和人的矛盾等等，这些问题都是现时代举世瞩目的问题，因而也是现时代的哲学应当研究的问题。马克思主义哲学反对把这种研究纳入神秘主义的、反理性主义的轨道。对于自然科学的发展所带来的一系列问题，对于自然科学所提供的新知识和新方法，马克思主义哲学认为更应当认真地加以探讨，吸取其中的积极成果，但反对把这种探讨同哲学对立起来，以取消哲学的世界观意义为代价。对于人的价值、人的处境、人的命运问题，马克思主义哲学历来十分重视，并认为当前研究这一问题具有重大的理论意义和实际意义，它所反对的是抽象地探讨这一问题。在它看来，在今天，在不同的社会制度下或者在同一社会制度（例如资本主义制度）下的不同阶级间，人的价值、处境和命运的问题都不相同，因而抽象地谈论这一问题毫无意义，只有把这一问题提到一定的历史范围内，才可能得到正确的答案。

（三）现时代的其他哲学

在当今世界上，除了马克思主义哲学和西方资产阶级哲学以外，亚洲、非洲、拉丁美洲的一些发展中国家的哲学也日益引起人们的注意。发展中国家的哲学相当复杂。传统的封建哲学在这里仍有相当影响，例如伊斯兰教的正统派经院哲学、苏非派哲学、佛教中的唯心主义和神秘主义哲学流派、印度教中正统的吠檀多不二论等。这种哲学直接继承了中世纪的宗教哲学传统，严守僵死的形式主义的教条，散播着旧时代的气息，宣传神秘主义和迷信落后思想，维护封建势力，妨碍着这些国家的社会进步。除封建哲学外，在这些国家还程度不同地存在着一股民族主义思潮，要求摆脱帝国主义、殖民主义的羁绊，争取民族的独立和自主，争取社会的进步。不少民族主义思想家一方面继承本民族的哲学传统，另一方面又吸收西方资产阶级哲学的某些内容，力图把东方的哲学传统同西方的现代思潮结合起来。印度的辨喜、M. K. 甘地、尼赫鲁等人的哲学，巴基斯坦的伊克巴尔的哲学，伊朗的加马鲁丁·阿富汗尼的哲学，埃及的穆罕默德·阿布杜的哲学，印度尼西亚的苏加诺的哲学，拉丁美洲的罗梅罗和巴斯孔塞略斯的哲学等，都属于这一类。这种哲学同这些国家的某些哲学家一味抄袭西方的哲学不同，带有自己的民族特色，并且它顺应了发展中国家的绝大多数民众要求民族独立、社会进步的潮流，因而在这些国家具有很大的影响。值得注意的是，自从俄国十月革命以后，马克思主义哲学也开始在一些不发达国家中出现，并得到一定的传播，民族主义思想家中最激进的一些人逐渐倾向于马克思主义。如埃及著名的学者、社会活动家萨利雅马·穆萨曾先后受过尼采、C. R. 达尔文、萧伯纳、甘地的影响，但后来表示赞同马克思主义。在发展中的国家中，尽管封建哲学仍有不小的影响，西方资产阶级的思潮还有相当的市场，但当前的主流是民族主义潮流，随着这些国家的民族民主运动的发展，这股潮流还会继续上涨，并且从最激进的民族主义思想家、哲学家中必将产生更多的马克思主义者。

哲学的产生到现在已经经历了一个漫长的历史过程。哲学是人类的一门很古老的学问。哲学的前途怎样？命运如何？关心哲学的人们经常想到这样的问题。有人认为，从历史上看，哲学的对象发生多次变化，这本身说明哲学并无确定的对象，哲学并不是一门严密的学问。也有人认为，哲学越来越渗入到各门具体科学中，成为各门具体科学的理论基础，那么还需不需要一门一般的哲学？这些说法实际上认为哲学的前途并不美妙。要回答哲学的命运究竟如何，就要看它是否为社会所需要，哲学的命运始终由社会的需要所决定。哲学的对象在历史上虽有多次改变，但哲学作为世界观的理论形式，作为对宇宙、人生这一类最抽象、最概括的问题进行思考的学问，这一点始终没有改变。包括不承认哲学的世界观意义的某些哲学本身也没有越出这个范围。哲学这种理论形式、这门学问，和社会的物质生产、科学技术、其他的精神文化生活一样，永远是社会所需要的。人们需要它不仅因为它可以满足人们精神生活的某一方面的要求，而且因为它可以指导人们的实践，指导生产和科学的发展，指导社会的进步。一种正确的、科学的哲学不仅是巨大的精神财富，而且可以成为改天换地的巨大的物质动力，马克思主义哲学以往的业绩，不是充分证明了这一点吗？哲学的对象今后还会发生某些改变，哲学的形式和知识内容今后还会有所更迭，哲学的流派今后还会此消彼长，但是哲学这种理论形式、这门学问将永远存在下去。马克思主义哲学这种正确的科学的世界观理论形式，将随着时代的发展而不断获得新的生命力。